GTB
Gütersloher Taschenbücher
1561

Zauber der Weihnacht

Herausgegeben von
Rike Baum

Gütersloher Verlagshaus

Originalausgabe

Die Deutsche Bibliothek – CIP-Einheitsaufnahme

Zauber der Weihnacht: die schönsten Erzählungen / ausgew. von Rike Baum. – Orig.-Ausg. – Gütersloh: Gütersloher Verl.-Haus, 1999
(Gütersloher Taschenbücher; 1561)
ISBN 3-579-01561-3

ISBN 3-579-01561-3

Umschlaggestaltung: INIT, Bielefeld, unter Verwendung eines Kalenderbildes 1887, © Archiv für Kunst und Geschichte, Berlin
Innenillustrationen: Weihnachtspostkarten um 1900, © Archiv für Kunst und Geschichte, Berlin
Druck und Bindung: Clausen & Bosse, Leck
Gedruckt auf chlorfrei gebleichtem Werkdruckpapier
Printed in Germany

Inhalt

Ernst Heimeran

Erinnerung an die Schiebetür

Es ist so süß, sich zu erinnern. Es macht so warm von innen. Dabei sind es manchmal die kleinsten Begebenheiten, klein am Augenblicke ihres Erlebens gemessen, die groß und voll werden im Nachgeschmack.

Solcherart ist die Erinnerung an unsere Schiebetür. Es war an sich nichts Besonderes an ihr, was des Erinnerns wert wäre. Allenfalls das, daß sie zwei Flügel hatte, die sich teilten und in der Wand verschwanden wie ein Theatervorhang, eine recht ansehnliche Einrichtung also für unsere häuslichen Verhältnisse. Sie war das Größte an unserer kleinen Wohnung, kann man sagen. Wir hatten sie uns beim Bau ausdrücklich ausbedungen, um doch wenigstens ein Bücher- und Schreibkabinett vom Universalwohnzimmer abzugrenzen. Wenn wir die Schiebetür schlossen, hatten wir ein Zimmerchen mehr, und wenn wir sie öffneten, genossen wir das Glück, daß wir wieder alle beisammen waren. Wir alle: das waren wir drei. Wir waren noch eine ganz kleine Familie mit einem ganz kleinen Kind in einer ganz kleinen Wohnung.

Da kam nun Weihnachten heran. Wir freuten uns sehr darauf, daß wir diesmal dem Christkind unser Christianekind mitbringen durften zum Spielen. Aber wenn das Christkind nun fragen sollte: »Wo ist eigentlich Euer Weihnachtszimmer?«, das könnte uns schön in Verlegenheit bringen. Danach fragt das Christkind zwar nicht, es braucht keinen größeren Platz als ein Herz. Aber wir waren gewöhnt, so zu fragen von daheim, wo es natürlich besondere Weihnachtszimmer gegeben, in denen sich wochenlang vor dem Fest das Christkind hatte ausbreiten können mit seinen Eisenbahnen, Kaufläden, Puppenstuben, Glaskugeln und einer Unmasse von Päckchen, Paketen, Papier, Holzwolle und Kerzen.

So ein richtiges Weihnachtszimmer hatten wir nicht zu bieten. Dafür hatten wir aber die Schiebetür. Wir konnten doch ausnahmsweise einmal am Schreibtisch essen und Christianens Wägelchen ganz gut zwischen den Regalen mit Brehms Tierleben und Grimms Wörterbuch unterbringen, solange auf der anderen Schiebeseite das Christkind das Fest vorbereitete.

Wer von uns dem Christkind zur Hand gehen sollte, war Gegenstand längerer Beratung. Am besten verstehen sich darauf die Mütter. Sie sind auch geschickter, den Baum zu putzen, vorausgesetzt, daß er einmal fest im Ständer steht, und dafür hatte ich vorgesorgt. Infolgedessen kamen wir überein, daß ich mich lieber den Hausgeschäften widmen sollte, um die Mutter ungestört dem Christkind zu überlassen.

So wurde denn die Schiebetür zugezogen, und während auf der einen Seite das Christkind hantierte, wartete auf der andern der Vater sein Kind. Das war recht gemütlich, denn das Kind schlief zumeist oder spielte erwachend mit seinen Händchen. Zu den festgesetzten Zeiten kam die Mutter zum Stillen herein, und so rückte die Stunde der Bescherung ganz friedlich näher.

Es war vereinbart, daß bei einbrechender Dämmerung die Weihnachtsmusik anheben, hiernach das Klingelzeichen ertönen und die Schiebetür sich auftun sollte. Was die Weihnachtsmusik betraf, so war es bei uns beiden daheim üblich, Weihnachtslieder zu singen; doch versprach ich mir nicht viel davon, wenn ich nun allein hätte singen wollen. Ich nahm daher die Viola aus dem Kasten und spielte lieber die altvertrauten Melodien. Der dunkle Bratschenton, von einigen Akkorden untermalt, klang zwischen Büchern und Schiebetür recht feierlich, so daß Christiane in ihrem Wägelchen aufhörte zu quengeln, denn das lange Warten fing an, ihr zu mißfallen. Solange ich indessen spielte, hielt sie sich zu meiner großen Befriedigung staunend still, sobald ich absetzte, wurde sie wieder unruhig.

Ich spielte daher Lied um Lied. Um es genau zu sagen: Ich spielte die gespielten Lieder eben noch und noch einmal. Denn so groß war mein Weihnachtsrepertoire doch nicht, daß ich beständig neue Lieder hätte spielen können, nachdem ich »Stille Nacht«, »O du fröhliche«, »Vom Himmel hoch, da komm' ich her«, »Vom Himmel hoch ihr Englein kommt« und ähnliches absolviert hatte. Ich schmuggelte auch andere Lieder ein, die einigermaßen paßten, beispielsweise »Morgen, Kinder, wird's was geben«, obwohl das genaugenommen nicht zutraf. Heute ja, jetzt gleich sollte es Bescherung geben.

Warum das Christkind immer noch nicht läutete? Ich spielte wohl schon eine halbe Stunde. Es war ganz dunkel geworden zwischen den Büchern; die Weihnachtskerzen funkelten von drüben durch die Schiebetür. Sie schloß nicht mehr ganz exakt, wie das eben in Neubauten bei vielen Türen und Fenstern vorkommt. Warum das Christkind immer noch nicht das Klingelzeichen gab zur Bescherung?

Ich wiederholte mein Repertoire von neuem. Es wollte mir scheinen, als ob es mir unter den Fingern zusammenschrumpfe. Mir fiel nichts mehr dazu ein, im Gegenteil, mir entfielen sogar die Lieder, die ich eben noch gewußt hatte.

»Bist du denn noch nicht soweit, Christkindchen?«

fragte ich da in meiner Not durch die Schiebetür.

»Aber längst!« antwortete das Christkind. »Ich warte doch nur, daß du aufhörst zu spielen!«

Da setzte ich aber schleunigst ab, legte die Bratsche zur Seite, nahm die kleine Christiane auf den Arm, und unter seligem Gebimmel öffnete sich die Schiebetür vor der strahlenden Fülle.

Aber erst jetzt nach vielen, vielen Jahren habe ich recht empfunden, was mich die gute Schiebetür erleben ließ: welche Himmelsgabe es ist, wenn man durchs ganze Leben aufeinander behutsam zu warten weiß, von hüben wie drüben.

Hermann Hesse

Nonnos Weihnacht

Als unser kleines stilles Christfest beendet war, noch vor zehn Uhr am Abend des 24. Dezember, war ich müde genug, um mich auf Nacht und Bett und vor allem darauf zu freuen, daß nun zwei ganze Tage ohne Post und ohne Zeitung vor uns lagen. Unsre große Wohnstube, die sogenannte Bibliothek, sah ebenso unordentlich und abgekämpft aus wie unser Inneres, aber viel heiterer, denn obwohl wir nur zu dreien gefeiert hatten: Hausherr, Hausfrau und Köchin, gaben doch das Tannenbäumchen mit den herabgebrannten Kerzen, das Durcheinander von farbigen, goldenen und silbernen Papieren und Bändern und auf den Tischen die Blumen, die übereinandergeschichteten neuen Bücher, die teils straff, teils müde und halb eingesunkenen an die Vasen gelehnten Malereien, Aquarelle, Steinzeichnungen, Holzschnitte, Kindermalereien und Photographien der Stube eine ungewohnte und festliche Überfülltheit und Bewegtheit, etwas von Jahrmarkt und etwas von Schatzkammer, einen Hauch von Leben und von Unsinn, von Kinderei und Spielerei. Und dazu kam die Luft, die mit Düften ebenso ungeordnet und übermütig beladene Luft mit dem Neben- und Ineinander von Harz, Wachs, Verbranntem, von Backwerk, Wein, Blumen. Des weiteren stauten sich im Raume und in der Stunde, wie es alten Leuten zukommt, die Bilder, Klänge und Düfte von vielen, sehr vielen Festen vergangener Jahre, siebzig und mehr Male hatte seit dem ersten großen Erlebnis die Weihnacht mich wieder besucht, und waren es bei meiner Frau manche Jahre und Christfeste weniger, so war bei ihr dafür die Fremde, die Ferne und Erloschenheit und Unwiederbringlichkeit der Heimat und Geborgenheit noch größer als bei mir. War in den letzten angestrengten Tagen das Schenken und Packen, Beschenktwerden und Auspacken, das Sichbesinnen auf echte und unechte Verpflichtungen (die sich für Vernachlässigung oft unerbittlicher rächen als jene) und die ganze etwas überhitzte und überhetzte Betriebsamkeit einer Weihnachtszeit in unsrem ruhelosen Zeitalter schon schwer zu bewältigen gewesen, so war diese Wiederbegegnung mit den Jahren und Festen vieler Jahrzehnte eine noch strengere Aufgabe, doch war es wenigstens eine echte und sinnvolle, und die echten und sinnvollen Aufgaben haben den Segen, nicht nur zu fordern und zu zehren, sondern auch zu helfen und zu stärken. Zumal in einer aufgelösten, am Mangel an Sinn erkrankten und hinsterbenden Zivilisation gibt es ja für den einzelnen wie für die Gemeinschaften kein anderes Heil- und Nahrungsmittel, keine andere Kraftquelle fürs Weiterleben als die Begegnung mit dem, was allem zum Trotz unsrem Sein und Tun Sinn gibt und uns rechtfertigt. Und bei der Erinnerung an die Feste und Zusammenhänge eines ganzen Lebens, dem Lauschen auf Klänge und Regungen der Seele bis in die farbige Wildnis der Kindheit zurück, dem Blicken in geliebte längst erloschene Augen erweist sich eben doch das Vorhandensein eines Sinnes, einer Einheit, einer geheimen Mitte, um die wir, bald wissend, bald unwissend, lebenslang gekreist sind. Von den wachs- und honigduftenden frommen Christfesten der Kindheit, in einer, wie es schien, noch heilen, vor Zerstörung sicheren, an ihre Zerstörungsmöglichkeit nicht glaubenden Welt, über alle Wandlungen, Krisen, Erschütterungen und Wiederbesinnungen unsres privaten Lebens wie unsrer Epoche hinweg hat sich in uns ein Kern erhalten, ein Sinn, eine Gnade, nicht an irgendein Dogma der Kirchen oder der Wissenschaften, sondern an das Vorhandensein einer Mitte, um die auch ein gefährdetes und gestörtes Leben sich stets aufs neue ordnen kann, ein Glaube an die Erreichbarkeit Gottes von eben diesem innersten Kern unsres Wesens aus, an die Koinzidenz dieses Zentrums mit der Gegenwart Gottes. Wo er gegenwärtig ist, mag ja auch das Häßliche und scheinbar Sinnlose ertragen werden, denn für ihn ist nirgends Erscheinung und Sinn getrennt, für ihn ist alles Sinn.

Das Bäumchen stand schon lange dunkel und ein wenig dumm auf seinem Tischchen, es brannte seit einer Weile das nüchterne elektrische Licht wie an jedem Abend, da wurden wir vor den Fenstern einer anderen Art von Helligkeit gewahr. Der Tag war wechselnd klar und verhangen gewesen, an den Hängen der Berge jenseits des Seetals standen zuweilen lang hingezogene, schmale weiße Wolken, alle in derselben Höhe, sie hatten fest und unbeweglich geschienen und waren doch, sooft man wieder hinaussah, verschwunden oder umgebaut gewesen, und beim Zunachten hatte es ausgesehen, als würden wir die Nacht über ohne Himmel sein und im Nebel stecken. Aber während wir mit unsrer Feier, unsrem Baum und seinen Kerzen, unseren Geschenken und den immer dichter kommenden Erinnerungen beschäftigt gewesen waren, hatte sich draußen mancherlei zugetragen und abgespielt. Als wir das gespürt und unser Stubenlicht gelöscht hatten, fanden wir draußen in der großen Stille eine überaus schöne, geheimnisvolle Welt liegen. Das schmale Tal zu unsern Füßen war mit Nebel angefüllt, auf dessen Oberfläche ein bleiches, aber starkes Licht spielte. Über diesem Nebelballen stiegen die beschneiten Hügel und Berge hinan, alle im selben gleichmäßigen, verteilten, aber starken Lichte stehend, und auf die weißen Tafeln waren überall die kahlen Bäume und Wälder und die schneefreien Felsgestaltungen wie mit spitzer Feder gekritzelte Buchstaben hingeschrieben. Oben aber über alledem wogte mit vom Vollmond durchschienenen Wolkengewimmel weiß und opalglänzend ein gewaltiger Himmel, unruhig wallend und vom Licht des vollen Mondes beherrscht. Perlig und milchig rann und rieselte das köstliche Licht durch den Himmel, glänzte schwächer unten im Nebel wider, wogte im Schwellen und Schwinden wie in lebendigen Atemzügen.

Ehe ich zu Bett ging, die Lampe brannte wieder, warf ich noch einen Blick auf meinen Gabentisch, und wie Kinder am Christabend ein paar von ihren Geschenken mit ins Schlafzimmer und womöglich mit ins Bett nehmen, nahm ich mir auch etwas mit, um es vor dem Schlafen noch ein wenig bei mir zu haben und zu betrachten. Es waren die Gaben meiner Enkelkinder: von Sibylle, der Jüngsten, ein Staublappen, von Simeli eine kleine Zeichnung, ein Bauernhaus mit einem Sternenhimmel darüber, von Christine zwei farbige Illustrationen zu meiner Erzählung vom Wolf, ein kraftvoll hingehauenes Gemälde von Eva und von ihrem zehnjährigen Bruder Silver ein mit seines Vaters Maschine geschriebener Brief. Ich nahm die Sachen mit ins Atelier hinüber, wo ich Silvers Brief noch einmal las, dann ließ ich sie liegen und stieg, mit schwerer Müdigkeit kämpfend, die Treppe zu meinem Schlafzimmer hinauf. Doch konnte ich noch lange Zeit nicht einschlafen, die Erlebnisse und Bilder des Abends hielten mich wach.

Luciano De Crescenzo

Krippe oder Weihnachtsbaum?

»Apropos Weihnachten, ich und der Baron haben wie jedes Jahr angefangen, die Krippe aufzubauen, und wir haben zwei Tage gebraucht, um alle Schachteln mit den Hirten aufzumachen, sie abzustauben und abgebrochene Arme und Beine mit Fischleim anzukleben.«

»Die Krippe ist für uns Neapolitaner etwas wirklich Wichtiges«, sagt der Professor. »Und Sie«, wendet er sich an mich, »entschuldigen Sie die Frage, aber ist Ihnen die Krippe lieber oder der Weihnachtsbaum?«

»Natürlich die Krippe.«

»Das freut mich sehr für Sie«, sagt der Professor und drückt mir die Hand. »Sehen Sie, die Menschheit läßt sich in Krippenliebhaber und Baumliebhaber einteilen, und das ist eine Folge der Unterteilung der Welt in eine Welt der Liebe und eine Welt der Freiheit, aber um das zu erklären, müßte ich weiter ausholen, lassen wir das für ein andermal. Heute möchte ich lieber etwas über die Krippe und die Krippenliebhaber sagen.«

»O ja, erzählen Sie von der Krippe, Professore«, sagt Salvatore, »hier sind Ihre Kinder und hören Ihnen zu!«

»Also die Einteilung in Krippenliebhaber und Baumliebhaber ist, wie ich schon sagte, so entscheidend, daß sie meiner Meinung nach so wie Geschlecht und Blutgruppe in die Personalausweise eingetragen werden müßte. Naja, sonst entdeckt doch so ein armer Teufel vielleicht erst nach seiner Heirat, daß er sich mit einem Christenmenschen zusammengetan hat, der ganz andere Weihnachtsgewohnheiten hat. Das klingt jetzt vielleicht übertrieben, aber es ist etwas Wahres dran:

Der Baumliebhaber hat in seinem Leben eine ganz andere Wertskala als der Krippenliebhaber. Für den ersteren sind vor allem die Form, das Geld und die Macht entscheidend; für den letzteren dagegen die Liebe und die Poesie.«

»Wir alle hier in diesem Haus sind Krippenliebhaber, nicht wahr, Professore?« sagt Saverio.

»Nein, nicht alle. Meine Frau und meine Tochter zum Beispiel sind, wie fast alle Frauen, Baumliebhaberinnen.«

»Meiner Assuntina gefällt auch der Weihnachtsbaum mehr«, sagt Saverio halblaut.

»Die beiden Gruppen können sich nicht verstehen. Wenn der eine etwas sagt, weiß der andere nicht, was er meint. Die Ehefrau sieht, daß ihr Mann die Krippe aufbaut und sagt: 'Warum kaufst du nicht, statt hier das ganze Haus mit deinem Fischleim zu verpesten, die Krippe fix und fertig im Kaufhaus UPIM?' Der Mann antwortet nicht. Denn bei UPIM kann man vielleicht den Weihnachtsbaum kaufen, der erst dann schön wird, wenn er geschmückt ist und man die Lichter anzünden kann, bei der Krippe aber ist es anders, die Krippe ist schön, während man sie macht oder sogar während man an sie denkt: 'Jetzt kommt Weihnachten, also bauen wir die Krippe auf.' Diejenigen, denen der Weihnachtsbaum gefällt, sind einfach Konsumliebhaber, der Krippenfreund dagegen ist, egal ob er Geschick hat oder nicht, kreativ tätig, und sein Evangelium heißt *Natale in casa Cupiello«* (Stück von Eduardo De Filippo, in dem es um eine Weihnachtskrippe geht).

»Das habe ich gesehen, Professore, und ich erinnere mich, wie Eduardo sagte: 'Die Krippe habe ich ganz allein gemacht und im Kampf gegen die ganze Familie.'«

»Die Hirten«, fährt Bellavista fort, »müssen diese handgemachten, ein wenig häßlichen, aus Gips sein und vor allem aus dem Herzen Neapels stammen, aus San Gregorio Armeno, und nicht aus Plastik, wie man sie bei UPIM bekommt und die alle so unecht wirken; die Hirten müssen die aus den früheren Jahren sein, und es macht nichts, wenn sie alle ein bißchen zerbrochen sind, entscheidend ist, daß der Familienvater sie alle mit Namen kennt und zu jedem Hirten eine schöne Geschichte erzählen kann: 'Dies hier ist Benito, der keine Lust hatte zu arbeiten und immer schlief, dies ist der Vater von Benito, der seine Schafe auf den Bergen weidete, und dies ist der Hirte, der das Wunder erlebte.' Und so der Reihe nach, wie sie aus der Schachtel kommen, werden die Hirten vorgestellt. Der Vater stellt sie den kleineren Kindern vor, die sie auf diese Weise jedes Jahr an Weihnachten wiedererkennen und sie liebhaben wie Familienangehörige. Das sind Leute aus dem wirklichen Leben, auch wenn sie historisch gar nicht stimmen, wie der Mönch oder der Jäger mit dem Gewehr.«

»Dann gibt es da ja auch noch den Koch, den Tisch mit den zwei sitzenden Paaren, den Melonenverkäufer, den Gemüsemann, den Kastanienverkäufer, den Weinhändler, den Fleischer.«

»Naja«, sagt Salvatore, »auch damals mußten die Leute eben schon bis in die tiefe Nacht schuften, um durchzukommen.«

»Außerdem ist da auch noch die Wäscherin«, fährt Saverio fort, »der Hirt, der die Hühner trägt, der Fischer, der in ganz richtigem Wasser fischt, das aus der Wanne hinter der Krippe kommt.«

»Mein Papa«, sagt Luigino, »schaffte es immer, die ein bißchen angeknacksten Figuren so aufzustellen, daß kein Mensch merkte, daß ihnen ein Arm oder ein Bein fehlte; er sagte zu mir: 'Luigino, jetzt findet dein Papa ein Plätzchen für diesen armen kleinen Hirten, der einen Schenkel verloren hat', und stellte ihn hinter einer Hecke oder einem Mäuerchen auf, und dann erinnere ich mich auch, daß wir einen Hirten hatten, der jedes Jahr irgendein Stückchen verlor, so daß am Schluß nur noch der Kopf da war, und den stellte mein Papa dann in das Fensterchen eines Hauses. Die Häuschen machte mein Papa immer aus Arzneischachteln und beleuchtete sie von innen, und das ganze Jahr über, wenn ich irgendeine Medizin nehmen mußte, zum Beispiel einen Hustensaft, den ich nicht mochte, nahm er die Schachtel und sagte: 'Luigino, diese Schachtel bewahren wir auf bis Weihnachten, dann machen wir ein schönes Häuschen für die Krippe daraus, aber zuerst mußt du jetzt ganz lieb die Arznei nehmen, die da drin ist, denn wie soll Papa sonst das Häuschen machen?'«

»Und wenn dann Mitternacht kam«, fährt Salvatore fort, »machten wir eine Prozession durchs ganze Haus und sangen *Tu scendi dalle stelle*. Der Kleinste der Familie vorneweg mit dem Jesuskind und die anderen alle hinterher mit einer brennenden Kerze in der Hand.«

»Krippe! Geruch nach Fischleim, Korken für die Berge, Mehl für den Schnee...«

Fröhliche
Weihnachten!

William McLaren

Auch eine Lösung!

Zwei Tage vor Weihnachten. Die Karten waren alle abgeschickt, die Päckchen und Geschenke längst bei den Empfängern. Was blieb jetzt noch zu tun?

Peggy stand am Fenster und sah den tanzenden Schneeflocken zu. Es blieb nichts mehr zu tun.

Sie strich mit der Hand über ihr dunkles Haar. Das ewig gleichmäßige Niedersinken der Flocken war deprimierend. Und es war auch so still in der Wohnung. Ja, es war wieder einmal dasselbe wie jedes Jahr: Weihnachten »drohte«. Aber diesmal wollte sie sich nicht unterkriegen lassen. Es mußte doch irgendein sinnvolles Ziel geben, um diese beiden leeren Tage auszufüllen? Punkt eins: andern Menschen Freude machen – war erledigt. Punkt zwei: andern einsamen Leuten helfen...? Da wurde sie unsicher. Wem denn? Alle »hatten« jemand!

Ihre besten Freunde waren gestorben oder, wie die MacLeods, nach London gezogen. Auch Mick, der liebe alte Mick... Und natürlich ihr Sohn John. Eine Tagereise weit weg von ihrem Wohnort in Schottland. Aber er brauchte sie nicht. Er hatte eine tüchtige Frau, eine elegante Französin, und zwei liebe kleine Jungen...

Was blieb ihr zu tun? Niemand brauchte sie. All die Jahre seit dem Tode ihres Mannes war sie im Grunde untätig gewesen, und jetzt, vor dem Fest, spürte sie die Leere besonders stark. Es wäre am besten, wieder ihren alten Beruf aufzunehmen – sie war Kinderärztin gewesen –, vielleicht bald. Nach dem Fest wollte sie sich umhören. Trotzdem griff sie in einer jähen Anwandlung nach dem Telefon und meldete sich bei ihrem Sohn an. Nur für ein paar Tage. Er schien sich zu freuen und versprach, sie abzuholen. Morgen mittag, um zwei Uhr!

In Gedanken sah sie sein Haus vor sich: ein Hausboot auf der Themse war es. Viele Snobs wohnten ja so. John hatte das Hausboot von seinem Onkel geerbt. Ursprünglich war es die schmucke Behausung eines alten Seekapitäns gewesen, der sich zur Ruhe gesetzt hatte. Weiß gestrichen, überall blankes Messing – aber nur sehr kleine Bullaugenfenster. Als Johns Stadtwohnung zu klein wurde, weil sich das zweite Söhnchen eingestellt hatte, schlug er seiner Frau Arlette vor, in das Hausboot zu ziehen. Sie hatte eingewilligt unter der Bedingung, daß es renoviert und den andern vornehmen Hausbooten in Tagg's Island angepaßt würde. Auch das Oberdeck mußte ausgebaut werden, um mehr Platz zu schaffen. Als es fertig war, fuhr Peggy zur Einweihung hinunter. Sie war überrascht, wie elegant das rosa angestrichene Hausboot aussah: eher wie eine Villa in Italien lag es stattlich am weidenbestandenen Ufer der Themse.

Sie freute sich jetzt und packte rasch ein paar Wintersachen in den Koffer. Beim Essen fiel ihr ein: Nun konnte sie ja Peter, ihrem jüngsten Enkel, seinen heimlichen Wunsch erfüllen und ihm das mitbringen, was sie nicht hatte schicken können, weil es zu zerbrechlich war! Mit dem Koffer und einer stabilen, leeren Reisetasche fuhr sie zum Bahnhof. Sie bekam einen Schlafwagenplatz und stieg um Mitternacht in den Expreß.

Beim Schein des Leselämpchens begann sie zu lesen. Aber ihre Gedanken schweiften ab. Ihr Unterbewußtsein ließ sie nicht zur Ruhe kommen. Die Reise jetzt – das war ja auch nur ein Ausweg und keine Lösung. Früher wurde jede Großmutter gebraucht, sie gehörte einfach zur Familie. Doch im gleichen Haushalt mit ihrer französischen Schwiegertochter leben – ging das an? War sie nicht überhaupt zu jung, zu aktiv für so eine Großmutterrolle? Wenn sie nun nach London ziehen und sich eine eigene Wohnung nehmen würde? Dann könnte sie die Familie und die Freunde öfter sehen. Die Räder schienen ihr in merkwürdigem Takt etwas in die Ohren zu raunen: »Wer braucht mich denn? Wer braucht mich denn?« Das Buch fiel ihr aus der Hand.

In London frühstückte sie, aber die Fahrt durch die Stadt dauerte diesmal endlos lange. In allen Geschäften herrschte Weihnachtstrubel. Sie ließ sich die leere Reisetasche mit der Überraschung für den kleinen Peter füllen. Dann fuhr sie nach Hampton-Thames. –

»Halt! Die Reisetasche trage ich lieber selbst!« rief sie Ossi, dem älteren der beiden Enkel zu, der sie stürmisch begrüßte und zum Wagen zog. »Wo ist denn der Kleine?« fragte sie ihren Sohn, während sie einstieg.

Bevor er antworten konnte, fragte der auf dem Rücksitz herumhopsende Ossi: »Hast du schon die Masern gehabt, Granny?«

»Sicher«, lachte sie. »Aber es ist lange her. Warum?«

»Weil Peter jetzt die Masern hat, und darum darf er heute abend nicht mit zur Party, sonst steckt er alle an, aber ich darf mit, ich hab' schon voriges Jahr Masern gehabt, und ...«

»Still!« rief Ossis Vater. »Alte Plappertasche!« Dann sagte er, ohne den Blick von der feuchten Straße abzuwenden, zu seiner Mutter: »Es ist ein bißchen dumm mit Peter, weil wir noch keinen Babysitter haben, und du weißt ja, daß wir jedes Jahr eine Party veranstalten, immer abwechselnd bei uns oder bei den MacLeods. Und dieses Jahr sind eben die MacLeods dran...«

»... und ich darf mit!« rief der neunjährige Ossi dazwischen.

»... und du mußt natürlich auch mitkommen, Mutter, denn die MacLeods freuen sich auf dich. Es wird eine sehr lustige Gesellschaft, weil wir fast alle aus Schottland stammen, auch die andern Gäste, bis auf Arlettes französische Freundinnen. Ich hoffe, daß Arlette jetzt einen Babysitter aufgetrieben hat«, sagte er, als der Wagen in eine Uferstraße einbog und plötzlich hielt.

Hinter einem Vorhang honiggelber Trauerweiden lag das Hausboot. Ossi sprang aus dem Wagen und zog seine Großmutter eifrig über die Brücke, auf der rechts und links kleine Lorbeerbäumchen in Kübeln standen. Peggy trat, halb gezogen und halb geschoben, durch die rosa Tür mit den weißen Feldern und wurde sogleich von ihrer Schwiegertochter Arlette empfangen. »Ich bin noch nicht ganz mit den Salaten fertig, Granny!« rief sie. »Jeder von uns bringt diesmal etwas mit, sonst hat die Hausfrau zuviel Arbeit. John, hast du die Shrimps bekommen?« fragte sie ihren Mann.

»Kommt alles!« Er stellte Peggys Koffer ab und holte aus seiner Aktentasche einen Beutel mit Shrimps, die wohl noch mit Majonäse überzogen werden sollten.

Jetzt war aber vom Oberdeck, zu dem eine breite, kurze Treppe mit tiefblauem Veloursläufer führte, eine empörte Stimme zu hören: »Granny! Komm zu mir! Ich darf nicht raus!«

Peggy nahm ihre Reisetasche und ging, von Ossi gefolgt, ins Kinderzimmer hinauf, dessen Wände auch wieder in lichten Farben prangten und wo in einem weißen Bett ihr jüngster Enkel unter einem Wust von Spielzeug und Bilderbüchern saß. »Granny, ich bin schon nicht mehr sehr krank!« rief er.

»Ich darf bald aufstehen, aber ich darf nicht an die Luft, und heute abend...« Seine Stimme wackelte etwas, und er holte ein Taschentuch aus der Pyjamajacke und schnaubte sich heftig die Nase. Weinen wollte er nicht. Er war schließlich bald sieben!

»Habt ihr meine Weihnachtspakete bekommen?« fragte sie.

»Ja, Granny, aber wir durften sie noch nicht auspakken, und heute abend..« Wieder versagte ihm die Stimme.

»Heute abend werden sie alle ausgepackt, unsre Pakete und die von den andern Leuten!« verkündete Ossi herzlos.

Peggy setzte sich auf die Bettkante, nachdem sie einen Teil der Spielsachen beiseite geschoben hatte. Sie faßte nach Peters Hand und strich ihm über die Stirn.

»Fieber hast du ja nicht mehr, scheint's?« sagte sie.

Arlette erschien in der Tür. »Nein, Fieber hat er kaum noch, bloß 37,1. Aber Mick – Doktor Norton – hat gesagt, er muß noch ein paar Tage im Bett bleiben.«

Jetzt stieß Peter einen Jammerlaut aus und kroch unter die Bettdecke, wo er seinem Kummer freien Lauf ließ.

»Und ich habe keinen Babysitter bekommen«, schloß Arlette und zupfte an der Küchenschürze. »Ob wir ihn allein lassen können?« fragte sie leise.

»Ach wo!« rief ihre Schwiegermutter begeistert. »Ich bleibe bei ihm, das ist doch selbstverständlich!«

»Willst du das wirklich?« fragte Arlette erleichtert. Sie überlegte. »Dann will ich dir schnell etwas Essen richten – du mußt doch auch dein kleines Festmahl haben! Und John soll dir eine Flasche Wein hinstellen – am besten decke ich dir den Kamintisch im Wohnzimmer! Entschuldige mich jetzt, ich muß mich ja auch noch umziehen! Dein Zimmer ist bereit, neben Peters!«

Peter tauchte aus seinem zerwühlten Bettzeug auf und rief unter Tränen: »Ist das wahr, Granny? Bleibst du bei mir?« – »Ja, Liebling! Wir beide werden auch sehr schön feiern, warte nur!« –

Als sie ausgepackt und sich umgezogen hatte, ging sie auf den unteren Flur hinunter, wo die Familie im Festgewand herumeilte, jeder beladen mit Körben (den Eß-Sachen) und Paketen (den Geschenken). Unter Arlettes Pelz glitzerten schwarze Pailletten hervor. »Grüßt die MacLeods!« sagte Peggy zu ihr. »Ich komme bald vorbei, wenn es Peter besser geht.« – »Los! Los!« drängte John seine Lieben zur Tür hinaus. »Und vielen Dank, Mutter!« verabschiedete er sich. »Ein Glück, daß du gekommen bist!«

Peggy sah ihnen nach: dem zappeligen Ossi, der eleganten Arlette und ihrem lieben, langen John. Ja, das hatte gut geklappt! Sie war froh.

Dann warf sie einen Blick in das große Wohnzimmer. Die vier niedrigen, aber sehr breiten Fenster schauten alle auf den schwarzen Fluß, der die Lichter widerspiegelte. Vor dem Kamin – keinem richtigen, sondern einem elektrischen Flackerfeuer – wartete der hübsch gedeckte Tisch. Gegenüber, in einer Ecke, stand der Weihnachtsbaum, oder vielmehr das, was Arlette dafür hielt. Die Kerzen brannten schon, auch elektrisch, kleine grüne und rote und blaue Birnchen. Peggy seufzte und zog die Augenbrauen hoch. Wie spärlich er geschmückt war! Kein Wunder, daß Peter sich einen »richtigen« Weihnachtsbaum mit Sternen und Lichtern und Kugeln gewünscht hatte! Sie musterte den Schauplatz für das, was sie im Sinn hatte. Links vor dem Kamin war ein Sofa. Gut, dachte sie und lief schnell in Peters Zimmer hinauf.

»Und jetzt, Granny?« rief er erwartungsvoll.

»Jetzt wird hier erst mal Ordnung gemacht«, sagte Peggy.

»Wo ist die Spielzeugtruhe? Aha!« Sie warf Tiere und Spiele, Musikinstrumente und Bücher kunterbunt hinein, schloß den Deckel und setzte Peter, in eine Wolldecke eingewickelt, in einen Korbsessel. Dann zupfte sie sein Bettzeug zurecht. »Damit du es nachher schön ordentlich hast«, sagte sie.

»Wann nachher?« fragte er.

»Das ist ein Geheimnis!« Sie blinzelte ihm zu.

»Ach, sag's mir doch!« bat er.

»Pst! Es hängt mit dem Brief zusammen, den du mir geschickt hast. Mit deinem Wunschzettel. Aber jetzt mußt du warten und ganz still sitzen, sonst wirst du wieder krank. Versprich's!«

Er nickte.

Sie drückte ihm ein neues Bilderbuch in die Hand, das sie mitgebracht hatte, Lucky Luke war's natürlich wieder, und er vertiefte sich hinein, während sie mit der Reisetasche ins Wohnzimmer eilte.

»Zuerst einmal die Kerzen weg!« dachte sie. Das elektrische Zeug war rasch abmontiert. Sie öffnete die Reisetasche und holte hervor, was dort in Seidenpapier eingewickelt lag: goldene Sterne und bunte Glaskugeln, gelbe und grüne und rostrote und zart lachsfarbene, und kristallene Eiszapfen und Lametta. Sie hängte alles an den Baum – zum Glück ist der wenigstens echt, dachte sie – er könnte aus Plastik sein, brr! Zuletzt steckte sie Kerzenhalter an die Zweige und klemmte die Wachskerzen hinein.

Dann holte sie aus dem Eisschrank die bereitgestellten Platten und für Peter ein Glas Milch. Sie schaute sich um. Ja, jetzt die Kerzen anzünden und die Lampen ausschalten. Und nun durfte Peter seine Überraschung erleben! Sie trug ihn in seinen Wolldecken die Treppe hinunter und blieb auf der Schwelle mit ihm stehen.

»O Granny!« rief er überwältigt. »Ein richtiger Weihnachtsbaum! Und Sterne und Glaskugeln – genau wie auf meinem Wunschzettel!« Er küßte sie.

Sie setzte ihn in dem tiefen Sofa zurecht, so daß er den Baum gut sehen konnte. »Und richtige Kerzen!« Er seufzte befriedigt.

Da wußte sie, was sie schon vorher geahnt hatte: daß mindestens einer ihrer Enkel ein Dichterherz hatte.

Während sie von den leckeren kalten Platten nahm und auch Peter etwas zu kosten gab, genoß sie die Stille und ein Glück, das, wie sie wußte, nicht lange währen konnte. Plötzlich fuhr in der Nähe ein Auto vor. Dann Schritte, kräftige Männerschritte. Jemand klingelte an der Haustür. Sie ging hin, um einen Spalt breit zu öffnen.

»O Mick!« rief sie. »Bist du es?«

»Nein, ich bin der Weihnachtsgeist«, sagte der Arzt und küßte sie auf beide Wangen. »Ich muß mich um euch beiden kümmern! John hat mir gerade erst erzählt, daß du hier bist, Peggy! Ich bin doch auch auf diesem Fest!« Er betrachtete sie glücklich, zog sich den Mantel aus und hängte ihn an die Flurgarderobe.

»Konntest du denn einfach weggehen?« fragte sie.

»Natürlich – die sind jetzt alle mit dem kalten Büfett beschäftigt. Außerdem: Arztvisite!«

»Mick!« rief Peter aus dem Wohnzimmer.

Der Arzt runzelte die Stirn. »Ist er schon aufgestanden?«

»Nein, nein«, versicherte Peggy. »Ich habe ihn für ein Stündchen die Treppe hinuntergetragen. Komm nur zu uns!«

Als sie die Tür zum Wohnzimmer aufstieß und erwartungsvoll stehenblieb, schlug ihm ein strahlender Kerzenglanz entgegen.

»Hier riecht's nach Weihnachten!« sagte er. »Das gefällt dir wohl, Peter, was?« Er griff nach Peters Puls. »Fieber?« »Bloß 37,1!« antwortete Peter sachlich.

»Bravo. In zwei Tagen darfst du wahrscheinlich aufstehen und im Zimmer herumlaufen.« Er setzte sich.

Peggy hatte ein Glas für ihn geholt und schenkte ihm ein.

»Fröhliche Weihnachten, Mick!« sagte sie und trank ihm zu. Er war älter geworden, ihr einstiger Studienfreund! Das Leben hatte sie auseinandergeworfen, und als sie ihn voriges Jahr bei ihren Kindern wiedergesehen hatte, war er in Trauer um seine verstorbene Frau gewesen und hatte zerfallen ausgesehen. Sie konnte es ihm nachfühlen: diese Lücke – und dann die Leere! Es war immer dasselbe.

»Fröhliche Weihnachten, Peggy!« Er beugte sich vor und stieß mit ihr an.

»Ich auch!« rief Peter. Er streckte den Arm mit dem Milchbecher aus.

»Nein, du mußt ganz ruhig bleiben, Peter!« ermahnte ihn der Arzt. »Sonst verkühlst du dich und kannst übermorgen nicht aus dem Bett.« Er blickte Peggy nachdenklich an.

»Ich möchte ihm etwas versprechen, darf ich, Peggy?«

Sie nickte lächelnd.

»Du darfst natürlich übermorgen noch nicht aus dem Zimmer, Peter. Aber in vier Tagen« – er zählte es ihm an den Fingern vor: eins, zwei, drei, vier – »darfst du mit deiner Granny zu mir fahren!« Da wollen wir ein Fest feiern – wir drei ganz allein, ja?»

»So schön wie das bei Tante MacLeod heute?«

»Besser! Einen so schönen Weihnachtsbaum wie den hier habe ich allerdings nicht. So etwas bringt nur deine Granny fertig.«

»Ja, sie ist die liebste Granny von der Welt. Ich kann sie dir borgen, Mick. Willst du sie?«

Der Arzt blickte Peggy an. Fragend.

Sie nickte.

Er hob das Glas: »Auf den kleinen Kuppelpelz! Ja?« Überraschung, Glück und Zärtlichkeit ließen sie verstummen.

Thomas Mann

Weihnachten mit Hanno Buddenbrook

Die Vorzeichen mehrten sich. Schon seit dem ersten Advent hing in Großmamas Eßsaal ein lebensgroßes buntes Bild des Knecht Ruprecht an der Wand. Eines Morgens fand Hanno seine Bettdecke, die Bettvorlage und seine Kleider mit knisterndem Flittergold bestreut. Dann, wenige Tage später, nachmittags im Wohnzimmer, als Papa mit der Zeitung auf der Chaiselongue lag und Hanno gerade in Geroks »Palmblättern« das Gedicht von der Hexe zu Endor las, wurde wie alljährlich und doch auch diesmal ganz überraschenderweise ein »alter Mann« gemeldet, welcher »nach dem Kleinen frage«. Er wurde hereingebeten, dieser alte Mann, und kam schlurfenden Schrittes, in einem langen Pelze, dessen rauhe Seiten nach außen gekehrt und der mit Flittergold und Schneeflocken besetzt war, ebensolcher Mütze, schwarzen Zügen im Gesicht und einem ungeheuren weißen Barte, der wie die übernatürlich dicken Augenbrauen mit glitzernder Lametta durchsetzt war. Er erklärte, wie jedes Jahr, mit eherner Stimme, daß dieser Sack – auf seiner linken Schulter – für gute Kinder, welche beten können, Äpfel und goldene Nüsse enthalte, daß aber andererseits diese Rute – auf seiner rechten Schulter – für die bösen Kinder bestimmt sei. Es war Knecht Ruprecht. Das heißt, natürlich nicht so ganz und vollkommen der echte und im Grunde vielleicht bloß Barbier Wenzel in Papas gewendetem Pelz; aber soweit ein Knecht Ruprecht überhaupt möglich, war er dies, und Hanno sagte auch dieses Jahr wieder, aufrichtig erschüttert und nur ein- oder zweimal von einem nervösen und halb unbewußten Aufschluchzen unterbrochen, sein Vaterunser her, worauf er einen Griff in den Sack für die guten Kinder tun durfte, den der alte Mann dann überhaupt wieder mit sich zu nehmen vergaß.

Es setzten die Ferien ein, und der Augenblick ging ziemlich glücklich vorüber, da Papa das Zeugnis las, das auch in der Weihnachtszeit notwendig ausgestellt werden mußte. Schon war der große Saal geheimnisvoll verschlossen, schon waren Marzipan und Braune Kuchen auf den Tisch gekommen, schon war es Weihnacht draußen in der Stadt. Schnee fiel, es kam Frost, und in der scharfen, klaren Luft erklangen durch die Straßen die geläufigen oder wehmütigen Melodien der italienischen Drehorgelmänner, die mit ihren Sammetjacken und schwarzen Schnurrbärten zum Feste herbeigekommen waren. In den Schaufenstern prangten die Weihnachtsausstellungen. Um den hohen gotischen Brunnen auf dem Marktplatz waren die bunten Belustigungen des Weihnachtsmarktes aufgeschlagen. Und wo man ging, atmete man mit dem Duft der zum Kauf gebotenen Tannenbäume das Aroma des Festes ein.

Dann endlich kam der Abend des dreiundzwanzigsten Dezembers heran und mit ihm die Bescherung im Saale zu Haus, in der Fischergrube, eine Bescherung im engsten Kreise, die nur ein Anfang, eine Eröffnung, ein Vorspiel war, denn den Heiligen Abend hielt die Konsulin fest in Besitz, und zwar für die ganze Familie, so daß am Spätnachmittag des Vierundzwanzigsten die gesamte Donnerstagstafelrunde, und dazu noch Jürgen Kröger aus Wismar sowie Therese Weichbrodt mit Madame Kethelsen, im Landschaftszimmer zusammentrat. In schwerer, grau und schwarz gestreifter Seide, mit geröteten Wangen und erhitzten Augen, in einem zarten Duft von Patschuli, empfing die alte Dame die nach und nach eintretenden Gäste, und bei den wortlosen Umarmungen klirrten ihre goldenen Armbänder leise. Sie war in unaussprechlicher stumme und zitternder Erregung an diesem Abend. »Mein Gott, du fieberst ja, Mutter!« sagte der Senator, als er mit Gerda und Hanno eintraf. »Alles kann doch ganz gemütlich vonstatten gehen.« Aber sie flüsterte, indem sie alle drei küßte: »Zu Jesu Ehren. – Und dann mein lieber seliger Jean ...«

In der Tat, das weihevolle Programm, das der verstorbene Konsul für die Feierlichkeit festgesetzt hatte, mußte aufrechterhalten werden, und das Gefühl ihrer Verantwortung für den würdigen Verlauf des Abends, der von der Stimmung einer tiefen, ernsten und inbrünstigen Fröhlichkeit erfüllt sein mußte, trieb sie rastlos hin und her – von der Säulenhalle, wo schon die Marien-Chorknaben sich versammelten, in den Eßsaal, wo Riekchen Severin letzte Hand an den Baum und die Geschenktafel legte, hinaus auf den Korridor, wo scheu und verlegen einige fremde alte Leutchen umherstanden, Hausarme, die ebenfalls an der Bescherung teilnehmen sollten, und wieder ins Landschaftszimmer, wo sie mit einem stummen Seitenblick jedes überflüssige Wort und Geräusch strafte. Es war so still, daß man die Klänge einer entfernten Drehorgel vernahm, die zart und klar wie die einer Spieluhr aus irgendeiner beschneiten Straße den Weg hierher fanden. Denn obgleich nun an zwanzig Menschen im Zimmer saßen und standen, war die Ruhe größer als in einer Kirche, und die Stimmung gemahnte, wie der Senator ganz vorsichtig seinem Onkel Justus zuflüsterte, ein wenig an die eines Leichenbegängnisses...

»Tochter Zion, freue dich!« sangen die Chorknaben,

und sie, die eben noch da draußen so hörbare Allotria getrieben, daß der Senator sich einen Augenblick an die Tür hatte stellen müssen, um ihnen Respekt einzuflößen – sie sangen nun ganz wunderschön. Diese hellen Stimmen, die sich, getragen von den tieferen Organen, rein, jubelnd und lobpreisend aufschwangen, zogen aller Herzen mit sich empor, ließen das Lächeln der alten Jungfern milder werden und machten, daß die alten Leute in sich hineinsahen und ihr Leben überdachten, während die, welche mitten im Leben standen, ein Weilchen ihrer Sorgen vergaßen.

Hanno ließ sein Knie los, das er bislang umschlungen gehalten hatte. Er sah ganz blaß aus, spielte mit den Fransen seines Schemels und scheuerte seine Zunge an einem Zahn, mit halbgeöffnetem Munde und einem Gesichtsausdruck, als fröre ihn. Dann und wann empfand er das Bedürfnis, tief aufzuatmen, denn jetzt, da der Gesang, dieser glockenreine A-cappella-Gesang, die Luft erfüllte, zog sein Herz sich in einem fast schmerzhaften Glück zusammen. Weihnachten. – Durch die Spalten der hohen, weißlackierten, noch fest geschlossenen Flügeltür drang der Tannenduft und erweckte mit seiner süßen Würze die Vorstellung der Wunder dort drinnen im Saale, die man jedes Jahr aufs neue mit pochenden Pulsen als eine unfaßbare, unirdische Pracht erharrte. Was würde dort drinnen für ihn sein? Das, was er sich gewünscht hatte, natürlich, denn das bekam man ohne Frage, gesetzt, daß es einem nicht als eine Unmöglichkeit zuvor schon ausgeredet worden war. Das Theater würde ihm gleich in die Augen springen und ihm den Weg zu seinem Platze weisen müssen, das ersehnte Puppentheater, das dem Wunschzettel für Großmama stark unterstrichen zu Häupten gestanden hatte...

»Jauchze laut, Jerusalem!« schlossen die Chorknaben, und die Stimmen, die fugenartig nebeneinander hergegangen waren, fanden sich in der letzten Silbe friedlich und freudig zusammen. Der klare Akkord verhallte, und tiefe Stille legte sich über Säulenhalle und Landschaftszimmer. Die Mitglieder der Familie blickten unter dem Drucke der Pause vor sich nieder; nur Direktor Weinschenks Augen schweiften keck und unbefangen umher, und Frau Permaneder ließ ihr trokkenes Räuspern vernehmen, das ununterdrückbar war. Die Konsulin aber schritt langsam zum Tisch und setzte sich inmitten ihrer Angehörigen auf das Sofa, das nun nicht mehr wie in alter Zeit unabhängig und abgesondert vom Tisch dastand. Sie rückte die Lampe zurecht und zog die große Bibel heran, deren altersbleiche Goldschnittfläche ungeheuerlich breit war. Dann schob sie die Brille auf die Nase, öffnete die beiden ledernen Spangen, mit denen das kolossale Buch geschlossen war, schlug dort auf, wo das Zeichen lag, daß das dicke, rauhe, gelbliche Papier mit dem übergroßen Druck zum Vorschein kam, nahm einen Schluck Zuckerwasser und begann, das Weihnachtskapitel zu lesen.

Sie las die altvertrauten Worte langsam und mit einfacher, zu Herzen gehender Betonung, mit einer Stimme, die sich klar, bewegt und heiter von der andächtigen Stille abhob. »Und den Menschen ein Wohlgefallen!« sagte sie. Kaum aber schwieg sie, so erklang in der Säulenhalle dreistimmig das »Stille Nacht, heilige Nacht«, in das die Familie im Landschaftszimmer einstimmte. Man ging ein wenig vorsichtig zu Werke dabei, denn die meisten der Anwesenden waren unmusikalisch, und hie und da vernahm man in dem Ensemble einen tiefen und ganz ungehöri-

Fröhliche Weihnachten.

gen Ton. Aber das beeinträchtigte nicht die Wirkung dieses Liedes. Frau Permaneder sang es mit bebenden Lippen, denn am süßesten und schmerzlichsten rührt es an dessen Herz, der ein bewegtes Leben hinter sich hat und im kurzen Frieden der Feierstunde Rückblick hält. Madame Kethelsen weinte still und bitterlich, obgleich sie von allem fast nichts vernahm.

Und dann erhob sich die Konsulin. Sie ergriff die Hand ihres Enkels Johann und die ihrer Urenkelin Elisabeth und schritt durch das Zimmer. Die alten Herrschaften schlossen sich an, die jüngeren folgten, in der Säulenhalle gesellten sich die Dienstboten und die Hausarmen hinzu, und während alles einmütig »O Tannenbaum« anstimmte und Onkel Christian vorn die Kinder zum Lachen brachte, indem er beim Marschieren die Beine hob wie ein Hampelmann und albernerweise »O Tantenbaum« sang, zog man mit geblendeten Augen und einem Lächeln auf dem Gesicht durch die weitgeöffnete hohe Flügeltür direkt in den Himmel hinein.

Der ganze Saal, erfüllt von dem Dufte angesengter Tannenzweige, leuchtete und glitzerte von unzähligen kleinen Flammen, und das Himmelblau der Tapete mit ihren weißen Götterstatuen ließ den großen Raum noch heller erscheinen. Die Flämmchen der Kerzen, die dort hinten zwischen den dunkelrot verhängten Fenstern den gewaltigen Tannenbaum bedeckten, welcher, geschmückt mit Silberflittern und großen weißen Lilien, einen schimmernden Engel an seiner Spitze und ein plastisches Krippenarrangement zu seinen Füßen, fast bis zur Decke emporragte, flimmerten in der allgemeinen Lichtflut wie ferne Sterne. Denn auf der weißgedeckten Tafel, die sich lang und breit, mit den Geschenken beladen, von den Fenstern fast bis zur Tür zog, setzte sich eine Reihe kleinerer, mit Konfekt behängter Bäume fort, die ebenfalls von brennenden Wachslichtern erstrahlten. Und es brannten die Gasarme, die aus den Wänden hervorkamen, und es brannten die dicken Kerzen auf den vergoldeten Kandelabern in allen vier Winkeln. Große Gegenstände, Geschenke, die auf der Tafel nicht Platz hatten, standen nebeneinander auf dem Fußboden. Kleinere Tische, ebenfalls weiß gedeckt, mit Gaben belegt und mit brennenden Bäumchen geschmückt, befanden sich zu den Seiten der beiden Türen: Das waren die Bescherungen der Dienstboten und der Hausarmen.

Singend, geblendet und dem altvertrauten Raume ganz entfremdet umschritt man einmal den Saal, defilierte an der Krippe vorbei, in der ein wächsernes Jesuskind das Kreuzeszeichen zu machen schien, und blieb dann, nachdem man Blick für die einzelnen Gegenstände bekommen hatte, verstummend an seinem Platze stehen.

Hanno war vollständig verwirrt. Bald nach dem Eintritt hatten seine fieberhaft suchenden Augen das Theater erblickt – ein Theater, das, wie es dort oben auf dem Tische prangte, von so extremer Größe und Breite erschien, wie er es sich vorzustellen niemals erkühnt hatte. Aber sein Platz hatte gewechselt, er befand sich an einer der vorjährigen entgegengesetzten Stelle, und dies bewirkte, daß Hanno in seiner Verblüffung ernstlich daran zweifelte, ob dies fabelhafte Theater für ihn bestimmt sei. Hinzu kam, daß zu den Füßen der Bühne, auf dem Boden, etwas Großes, Fremdes aufgestellt war, etwas, was nicht auf seinem Wunschzettel gestanden hatte, ein Möbel, ein kommodenartiger Gegenstand – war er für ihn?

»Komm her, Kind, und sieh dir dies an«, sagte die

Konsulin und öffnete den Deckel. »Ich weiß, du spielst gern Choräle. Herr Pfühl wird dir die nötigen Anweisungen geben. Man muß immer treten – manchmal schwächer und manchmal stärker – und dann die Hände nicht aufheben, sondern immer nur so peu à peu die Finger wechseln.«

Es war ein Harmonium, ein kleines hübsches Harmonium, braun poliert, mit Metallgriffen an beiden Seiten, bunten Tretbälgen und einem zierlichen Drehsessel. Hanno griff einen Akkord – ein sanfter Orgelklang löste sich los und ließ die Umstehenden von ihren Geschenken aufblicken. Hanno umarmte seine Großmutter, die ihn zärtlich an sich preßte und ihn dann verließ, um die Danksagungen der anderen entgegenzunehmen.

Er wandte sich dem Theater zu. Das Harmonium war ein überwältigender Traum, aber er hatte doch fürs erste noch keine Zeit, sich näher damit zu beschäftigen. Es war der Überfluß des Glücks, in dem man, undankbar gegen das einzelne, alles nur flüchtig berührt, um erst einmal das Ganze übersehen zu lernen.

O. Henry

Die Liebe war geblieben

Ein Dollar und siebenundachtzig Cent! Und das war alles... Sechzig Cent davon waren in Pennies: Die Pennies, die man gespart hatte – ein bis zwei Stück jeweils! –, indem man stundenlang mit einem Kolonialwarenhändler, dem Gemüsemann oder dem Metzger feilschte...

Della zählte das Geld dreimal, und es ergab sich immer dieselbe Summe. Ein Dollar und siebenundachtzig Cent – und morgen sollte das schöne Weihnachtsfest sein...

Es blieb nun allerdings nichts anderes zu tun, als sich auf das schäbige, kleine Halbsofa zu werfen und zu heulen. Und Della tat es.

Aber währenddessen wollen wir einen Blick in ihr Heim werfen. Eine Mietwohnung, möbliert, für acht Dollar die Woche. In ihrer Armseligkeit spottete sie jeder Beschreibung: im Hausflur ein Briefkasten, in den kein Brief gehen wollte; ein elektrischer Knopf, dem kein Finger eines Sterblichen je ein Läuten abschmeicheln konnte. Auch eine dazu gehörende Karte gab es, die den Namen Mr. James Dillingham Young trug.

Aber wann immer Mr. James nach Hause kam und seine Schwelle erreichte, wurde er sofort von Della gerufen. »Jim!« rief sie und umarmte ihn stürmisch. – Und Della wurde Ihnen bereits vorgestellt. Es war alles gut und schön...

Della unterbrach ihr Weinen und puderte sich ihre Wangen mit der Puderquaste. Sie stand am Fenster und schaute gelangweilt einer grauen Katze zu, die im Hinterhof auf dem grauen Zaun entlangkroch...

Morgen ist das schöne Weihnachtsfest, und sie hatte nur einen Dollar und siebenundachtzig Cent, um für Jim ein Geschenk zu kaufen. Für ihren Jim! Viele schöne Stunden hatte sie damit verbracht, sich für ihn ein schönes Geschenk auszudenken – etwas Feines, Rares, Gediegenes, etwas, was der Ehre würdig wäre, von Jim besessen zu werden.

Zwischen den Fenstern gab es einen Pfeilerspiegel. Haben Sie vielleicht schon einmal einen solchen Spiegel gesehen? Nur eine sehr schlanke und bewegliche Person kann durch Beobachtung ihres Spiegelbildes die Vorstellung ihres leidlich genauen Aussehens erhalten. Da Della schlank war, beherrschte sie diese Kunst.

Plötzlich drehte sie sich um und wirbelte vom Fenster weg und stand direkt vor dem Spiegelglas. Ihre Augen leuchteten hell, aber ihr Gesicht verlor jede Farbe in zwanzig Sekunden. Rasch riß sie ihre Haare herunter und ließ sie in ihrer ganzen Länge herabfallen.

Nun, es gab zwei Dinge im Besitz der Youngs, auf die sie sehr stolz waren.

Einmal –die goldene Uhr von Jim, die bereits seinem Vater und Großvater gehört hatte. Und dann: Dellas Haar.

Hätte die Königin von Saba in der Wohnung ihr gegenüber gewohnt, hätte sie ihr Haar zum Trocknen zum Fenster hinaushängen lassen, nur um damit die Juwelen und Geschenke Ihrer Majestät in den Schatten zu stellen. Und wäre der König Salomo im Palast, wo seine Schätze in den Kellerräumen aufgehäuft waren, ein Pförtner gewesen, Jim hätte jedesmal, wenn er an ihm vorbeiging, seine goldene, kostbare Uhr gezückt, nur damit Seine Majestät vor lauter Neid seinen Bart zu zupfen begonnen hätte. Der Anblick wäre für ihn ein herrliches Vergnügen gewesen.

Dellas Haar floß um sie herum – leuchtend und sich kräuselnd – wie ein kleiner brauner Wasserfall. Es ging ihr bis unter die Knie und umschloß sie fast wie ein Kleid.

Aber plötzlich – rasch und nervös – steckte sie ihr Haar wieder auf. Ihre alte braune Jacke und ihr abgetragener Hut waren im Umsehen am richtigen Platz, und mit wirbelndem Rock und blitzenden Augen flatterte sie schnell zur Tür hinaus und die Treppe hinunter... Auf der Straße blieb sie stehen, um ein Schild zu lesen: »Mme. Sofronie. Haarwaren aller Art.«

Della rannte eine Treppe hinauf und faßte sich dann, nach Luft schnappend. Madame war groß, zu weiß vom Puder und kalt – sie sah kaum nach Sofronie aus. »Wollen Sie mein Haar kaufen?« stammelte Della.

»Ja, ich kaufe Haar«, erwiderte Madame. »Nehmen Sie doch bitte ihren Hut ab und lassen Sie uns sehen, wie es ausschaut...«

Eine kleine braune Kaskade floß nun auf Dellas Schultern.

»Zwanzig Dollar!« sagte Madame nach einer Weile und hob mit ihrer erfahrenen Hand die Fülle des Haars etwas an.

»Geben Sie mir bitte schnell das Geld!« bat nun die Haarverkäuferin, und Della ließ sich das Haar abschneiden.

Oh! In den nächsten zwei Stunden huschte sie wie auf rosigen Schwingen an den Läden vorbei. Nehmen Sie bitte diese abgedroschene Metapher nicht zur Kenntnis: Sie durchstöberte lediglich die Läden auf der Suche nach einem Geschenk für Jim...

Und sie fand es schließlich. Das Geschenk war

sicherlich nur für ihn und keinen anderen angefertigt. Es war eine Platinkette für seine Uhr – einfach und rein im Entwurf –, und sie verkündete ihren Wert, wie es sich gehört, allein durch ihr Material und nicht durch irgendwelchen aufdringlichen Schmuck und protzige Verzierung. Sie war würdig, die Uhr aller Uhren zu tragen.

Als Della die Kette sah, wußte sie sofort, daß dieses Ding nur Jim gehören durfte. Einundzwanzig Dollar nahm man ihr ab. Und sie eilte mit ihren siebenundachtzig Cent nach Hause. Aber sie war glücklich.

Als sie nach Hause kam, wich ihr Freudenrausch vor der Klugheit und Vernunft ein wenig zurück. Um sieben Uhr war der Kaffee schon fertig, und die Bratpfanne stand auf der Rückseite des Ofens, heiß und bereit, die Koteletts zu braten.

Jim kam niemals zu spät. Della legte ihre Kette in der Hand zusammen und setzte sich auf die Ecke des Tisches, nahe der Tür, durch die er immer einzutreten pflegte. »Lieber Gott«, flüsterte sie vor sich hin, »mach es so, daß er mich noch immer nett findet...«

Die Tür ging auf, Jim trat ein und machte sie hinter sich zu. Er war mager und sehr ernst. Der arme Kerl! Er war zweiundzwanzig und noch viel zu jung, um bereits mit einer Familie belastet zu sein...

Jim blieb an der Tür stehen, so unbeweglich wie ein Setter, ein Vorstehhund, wenn er eine Wachtel wittert. Seine Augen waren auf Della gerichtet, und sie hatten einen Ausdruck, den sie nicht erklären konnte. Sie rutschte vom Tisch herunter und lief auf ihn zu.

»Jim, Liebling!« rief sie, »schau mich bitte nicht so an. Ich hab' mir das Haar abschneiden lassen und hab's verkauft: Ich hätte das Weihnachtsfest kaum ohne ein Geschenk für dich feiern können. Du hast doch wohl nichts dagegen, Jim, nicht wahr? Mein Haar wächst ja furchtbar schnell. Du weißt gar nicht, welch ein schönes, welch ein feines und prächtiges Geschenk ich für dich bekommen habe...«

»Du hast dir dein Haar abschneiden lassen?« fragte er mühsam, als könnte er das gar nicht begreifen.

»Ja, und magst du mich denn nicht jetzt genauso gern? Ich bin doch auch ohne mein Haar immer dieselbe...«

Jim aber schaute sich merkwürdig im Zimmer um, als wollte er Dellas Haar dort irgendwo finden. Und doch erholte er sich ziemlich schnell von diesem Schock. Er umarmte seine Della, küßte sie lange und griff dann plötzlich in seine Manteltasche. Er zog daraus ein kleines Päckchen hervor, das er auf den Tisch warf.

»Täusche dich nicht in mir, Della«, sagte er. »Ich glaube nicht, daß etwas in der Art und Weise, wie man Haare schneidet oder wie man den Kopf schamponiert, mich dazu veranlassen würde, mein Mädchen weniger zu lieben. Aber wenn du dieses Päckchen aufmachst, wirst du verstehen, warum ich zuerst so überrascht war.«

Dellas weiße Finger zogen jetzt behende an der Schnur und am Papier. Und dann –ein verzückter Freudenschrei, dem – leider – dann ein weiblicher Umschwung folgte – zu nervösen Tränen und launischen Klagen. Denn in dem Schächtelchen lagen Kämme... eine ganze Garnitur von Kämmen, die man seitlich und hinten ins Haar stecken konnte. Della hatte sie schon seit langem im Schaufenster am Broadway bewundert. Es waren feine Kämme, reines Schildpatt mit juwelenverzierten Rändern. Die Farbe war gerade richtig, um sie in ihrem schönen Haar zu tragen...

Sie waren sehr teuer. Sie wußte es. Aber ihr Herz

begehrte sie einfach und verlangte nach ihnen, obwohl gar keine Hoffnung bestand, sie zu besitzen...

Jetzt aber gehörten die Kämme ihr! Sie drückte sie an die Brust, und endlich konnte sie zu ihm aufblicken, ihn anlächeln und sagen: »Mein Haar wächst so schnell, Jim...«

Dann hüpfte sie wie ein kleines Mädchen hin und her und rief: »Oh! Oh! Oh!«

Jim aber hatte sein schönes Geschenk noch nicht gesehen. Sie hielt es ihm nun eifrig auf ihrer Handfläche entgegen. Das trübe, teure Metall schien jetzt, ihren hellen und innigen Geist widerspiegelnd, zu strahlen.

»Ist die Kette nicht ein Prachtstück?« fragte sie ihren Mann. »Ich jagte in der ganzen Stadt hinter ihr her: jetzt aber kannst du hundertmal am Tag nach der Uhr schauen. Gib mir mal die Uhr: ich will sehen, wie sie sich an der Platinkette ausnimmt...«

Anstatt ihrem Wunsch nachzukommen, ließ er sich aufs Sofa fallen, faltete die Hände hinterm Kopf und lächelte seltsam: »Meine liebe Della, packen wir unsere Weihnachtsgeschenke weg und bewahren sie eine Weile auf: sie sind zu schön, als daß wir sie gleich benutzen... Ich habe die Uhr verkauft, um das Geld für deine Kämme zu bekommen.«

»Nun gut, liebster Jim. Ich glaube, es ist jetzt höchste Zeit, unsere Koteletts aufs Feuer zu setzen...«

Sie sahen sich beide an und brachen in ein schallendes Gelächter aus: »Die Kette ist da, aber keine Uhr; die Kämme sind da, aber kein Haar...«

Und dann fügten sie wie aus einem Munde hinzu: »Aber die Liebe ist geblieben, die uns verbindet und glücklich macht...«

Aus dem Englischen übertragen von M. A. Misevicius

Marie Luise Kaschnitz

Das Wunder

Ein Kind sitzt da und wartet auf das Wunder, und wenn das Wunder nicht kommt, ist alles aus und vorbei...

Die Schwierigkeit, die man im Verkehr mit Don Crescenzo hat, besteht darin, daß er stocktaub ist. Er hört nicht das geringste und ist zu stolz, den Leuten von den Lippen zu lesen. Trotzdem kann man ein Gespräch mit ihm nicht einfach damit anfangen, daß man etwas auf einen Zettel schreibt. Man muß so tun, als gehöre er noch zu einem, als sei er noch ein Teil unserer lauten, geschwätzigen Welt.

Als ich Don Crescenzo fragte, wie das an Weihnachten gewesen sei, saß er auf einem der Korbstühlchen am Eingang seines Hotels. Es war sechs Uhr, und der Strom der Mittagskarawanen hatte sich verlaufen. Es war ganz still, und ich setzte mich auf das andere Korbstühlchen, gerade unter das Barometer mit dem Werbebild der Schiffahrtslinie, einem weißen Schiff im blauen Meer. Ich wiederholte meine Frage, und Don Crescenzo hob die Hände gegen seine Ohren und schüttelte bedauernd den Kopf. Dann zog er ein Blöckchen und einen Bleistift aus der Tasche, und ich schrieb das Wort »Natale« und sah ihn erwartungsvoll an.

Ich werde jetzt gleich anfangen, meine Weihnachtsgeschichte zu erzählen, die eigentlich Don Crescenzos Geschichte ist. Aber vorher muß ich noch etwas über diesen Don Crescenzo sagen. Meine Leser müssen wissen, wie arm er einmal war und wie reich er jetzt ist, ein

Herr über hundert Angestellte, ein Besitzer von großen Wein- und Zitronengärten und von sieben Häusern. Sie müssen sich sein Gesicht vorstellen, das mit jedem Jahr der Taubheit sanfter wirkt, so als würden Gesichter nur von der beständigen Rede und Gegenrede geformt und bestimmt. Sie müssen ihn vor sich sehen, wie er unter den Gästen seines Hotels umhergeht, aufmerksam und traurig und schrecklich allein. Und dann müssen sie auch erfahren, daß er sehr gern aus seinem Leben erzählt und daß er dabei nicht schreit, sondern mit leiser Stimme spricht.

Oft habe ich ihm zugehört, und natürlich war mir auch die Weihnachtsgeschichte schon bekannt. Ich wußte, daß sie mit der Nacht anfing, in der der Berg kam, ja, so hatten sie geschrien: Der Berg kommt, und sie hatten das Kind aus dem Bett gerissen und den schmalen Felsenweg entlang. Er war damals sieben Jahre alt, und wenn Don Crescenzo davon berichtete, hob er die Hände an die Ohren, um zu verstehen zu geben, daß dieser Nacht gewiß die Schuld an seinem jetzigen Leiden zuzuschreiben sei.

Ich war sieben Jahre alt und hatte das Fieber, sagte Don Crescenzo und hob die Hände gegen die Ohren, auch dieses Mal. Wir waren alle im Nachthemd, und das war es auch, was uns geblieben war, nachdem der Berg unser Haus ins Meer gerissen hatte, das Hemd auf dem Leibe, sonst nichts. Wir wurden von Verwandten aufgenommen, und andere Verwandte haben uns später das Grundstück gegeben, dasselbe, auf dem jetzt das Albergo steht. Meine Eltern haben dort, noch bevor der Winter kam, ein Haus gebaut. Mein Vater hat die Maurerarbeiten gemacht, und meine Mutter hat ihm die Ziegel in Säcken den Abhang hinuntergeschleppt. Sie war klein und schwach, und wenn sie glaubte, daß niemand in der Nähe sei, setzte sie sich einen Augenblick auf die Treppe und seufzte, und die Tränen liefen ihr über das Gesicht. Gegen Ende des Jahres war das Haus fertig, und wir schliefen auf dem Fußboden, in Decken gewickelt, und froren. Und dann kam Weihnachten, sagte ich, und deutete auf das Wort »Natale«, das auf dem obersten Zettel stand.

Ja, sagte Don Crescenzo, dann kam Weihnachten, und an diesem Tage war mir so traurig zumute, wie in meinem ganzen Leben nicht. Mein Vater war Arzt, aber einer von denen, die keine Rechnungen schreiben. Er ging hin und behandelte die Leute, und wenn sie fragten, was sie schuldig seien, sagte er, zuerst müßten sie die Arzneien kaufen und dann das Fleisch für die Suppe, und dann wollte er ihnen sagen, wieviel. Aber er sagte es nie. Er kannte die Leute hier sehr gut und wußte, daß sie kein Geld hatten. Er brachte es einfach nicht fertig, sie zu drängen, auch damals nicht, als wir alles verloren hatten und die letzten Ersparnisse durch den Hausbau aufgezehrt waren. Er versuchte es einmal, kurz vor Weihnachten, an dem Tage, an dem wir unser letztes Holz im Herd verbrannten. An diesem Abend brachte meine Mutter einen Stoß weißer Zettel nach Hause und legte sie vor meinen Vater hin, und dann nannte sie ihm eine Reihe von Namen, und mein Vater schrieb die Namen auf die Zettel und jedesmal ein paar Zahlen dazu. Aber als er damit fertig war, stand er auf und warf die Zettel in das Herdfeuer, das gerade am Ausgehen war. Das Feuer flackerte sehr schön, und ich freute mich darüber, aber meine Mutter fuhr zusammen und sah meinen Vater traurig und zornig an.

So kam es, daß wir am vierundzwanzigsten Dezember kein Holz mehr hatten, kein Essen und keine Kleider, die anständig genug gewesen wären, damit in die

Kirche zu gehen. Ich glaube nicht, daß meine Eltern sich darüber viel Gedanken machten. Erwachsene, denen so etwas geschieht, sind gewiß der Überzeugung, daß es ihnen schon einmal wieder besser gehen wird und daß sie dann essen und trinken und Gott loben können, wie sie es oft getan haben im Laufe der Zeit. Aber für ein Kind ist das etwas ganz anderes. Ein Kind sitzt da und wartet auf das Wunder, und wenn das Wunder nicht kommt, ist alles aus und vorbei. Bei diesen Worten beugte sich Don Crescenzo vor und sah auf die Straße hinaus, so als ob dort etwas seine Aufmerksamkeit in Anspruch nähme. Aber in Wirklichkeit versuchte er nur, seine Tränen zu verbergen. Er versuchte, mich nicht merken zu lassen, wie das Gift der Enttäuschung noch heute alle Zellen seines Körpers durchdrang.

Unser Weihnachtsfest, fuhr er nach einer Weile fort, ist gewiß ganz anders als die Weihnachten bei Ihnen zu Hause. Es ist ein sehr lautes, sehr fröhliches Fest. Das Jesuskind wird im Glasschrein in der Prozession getragen, und die Blechmusik spielt. Viele Stunden lang werden Böllerschüsse abgefeuert, und der Hall dieser Schüsse wird von den Felsen zurückgeworfen, so daß es sich anhört wie eine gewaltige Schlacht. Raketen steigen in die Luft, entfalten sich zu gigantischen Palmenbäumen und sinken in einem Regen von Sternen zurück ins Tal. Die Kinder johlen und lärmen, und das Meer mit seinen schwarzen Winterwellen rauscht so laut, als ob es vor Freude schluchze und singe. Das ist unser Christfest, und der ganze Tag vergeht mit Vorbereitungen dazu. Die Knaben richten ihre kleinen Feuerwerkskörper, und die Mädchen binden Kränze und putzen die versilberten Fische, die sie der Madonna umhängen. In allen Häusern wird gebraten und gebacken und süßer Sirup gerührt.

So war es auch bei uns gewesen, solange ich denken konnte. Aber in der Christnacht, die auf den Bergsturz folgte, war es in unserem Hause furchtbar still. Es brannte kein Feuer, und darum blieb ich so lange wie möglich draußen, weil es dort immer noch ein wenig wärmer war als drinnen. Ich saß auf den Stufen und sah zur Straße hinauf, wo die Leute vorübergingen und wo die Wagen mit ihren schwachen Öllämpchen auftauchten und wieder verschwanden. Es war eine Menge Leute unterwegs, Bauern, die mit ihren Familien in die Kirche fuhren, und andere, die noch etwas zu verkaufen hatten, Eier und lebendige Hühner und Wein. Als ich da saß, konnte ich das Gegacker der Hühner hören und das lustige Schwatzen der Kinder, die einander erzählten, was sie alles erleben würden heute nacht. Ich sah jedem Wagen nach, bis er in dem dunklen Loch des Tunnels verschwand, und dann wandte ich den Kopf wieder und schaute nach einem neuen Fuhrwerk aus; als es auf der Straße stiller wurde, dachte ich, das Fest müsse begonnen haben, und ich würde nun etwas vernehmen von dem Knattern der Raketen und den Schreien der Begeisterung und des Glücks. Aber ich hörte nichts als die Geräusche des Meeres, das gegen die Felsen klatschte, und die Stimme meiner Mutter, die betete und mich aufforderte, einzustimmen in die Litanei. Ich tat es schließlich, aber ganz mechanisch und mit verstocktem Gemüt. Ich war sehr hungrig und wollte mein Essen haben, Fleisch und Süßes und Wein. Aber vorher wollte ich mein Fest haben, mein schönes Fest...

Und dann auf einmal veränderte sich alles auf eine unfaßbare Art. Die Schritte auf der Straße gingen nicht mehr vorüber, und die Fahrzeuge hielten an. Im Schein der Lampen sahen wir einen prallen Sack, der in unseren Garten geworfen, und hochgepackte Körbe, die an den Rand der Straße gestellt wurden. Eine Ladung Holz und Reisig rutschte die Stufen herunter, und als ich mich vorsichtig die Treppe hinauftastete, fand ich auf dem niederen Mäuerchen, auf Tellern und Schüsseln, Eier, Hühner und Fisch. Es dauerte eine ganze Weile, bis die geheimnisvollen Geräusche zum Schweigen kamen und wir nachsehen konnten, wie reich wir mit einem Male waren. Da ging meine Mutter in die Küche und machte Feuer an, und ich stand draußen und sog inbrünstig den Duft in mich ein, der bei der Verbindung von heißem Öl, Zwiebeln, gehacktem Hühnerfleisch und Rosmarin entsteht.

Ich wußte in diesem Augenblick nicht, was meine Eltern schon ahnen mochten, nämlich, daß die Patienten meines Vaters, diese alten Schuldner, sich abgesprochen hatten, ihm Freude zu machen auf diese Art. Für mich fiel alles vom Himmel, die Eier und das Fleisch, das Licht der Kerzen, das Herdfeuer und der schöne Kittel, den ich mir aus einem Packen Kleider hervorwühlte und so schnell wie möglich überzog. Lauf, sagte meine Mutter, und ich lief die Straße hinunter und durch den langen, finsteren Tunnel, an dessen Ende es schon glühte und funkelte von buntem Licht. Als ich in die Stadt kam, sah ich schon von weitem den roten und goldenen Baldachin, unter dem der Bischof die steile Treppe hinaufgetragen wurde. Ich hörte die Trommeln und die Pauken und das Evvivageschrei und brüllte aus Leibeskräften mit. Und dann fingen die großen Glocken in ihrem offenen Turm an zu schwingen und zu dröhnen.

Don Crescenzo schwieg und lächelte freudig vor sich hin. Gewiß hörte er jetzt wieder, mit einem inneren Gehör, alle diese heftigen und wilden Geräusche, die

Fröhliche
Weihnachten
SER. 602. Nº 2845.

für ihn so lange zum Schweigen gekommen waren und die ihm in seiner Einsamkeit noch viel mehr als jedem anderen Menschen bedeuteten: Menschenliebe, Gottesliebe, Wiedergeburt des Lebens aus dem Dunkel der Nacht.

Ich sah ihn an, und dann nahm ich das Blöckchen zur Hand. Sie sollten schreiben, Don Crescenzo. Ihre Erinnerungen. – Ja, sagte Don Crescenzo, das sollte ich. Einen Augenblick lang richtete er sich hoch auf, und man konnte ihm ansehen, daß er die Geschichte seines Lebens nicht geringer einschätzte als das, was im Alten Testament stand oder in der Odyssee. Aber dann schüttelte er den Kopf. Zuviel zu tun, sagte er.

Und auf einmal wußte ich, was er mit all seinen Umbauten und Neubauten, mit der Bar und den Garagen und dem Aufzug hinunter zum Badeplatz im Sinne hatte. Er wollte seine Kinder schützen vor dem Hunger, den traurigen Weihnachtsabenden und den Erinnerungen an eine Mutter, die Säcke voll Steine schleppt und sich hinsetzt und weint.

Pearl S. Buck

Geheimnisse des Herzens

Mrs. Allenby hörte ihrer Tochter zu, die ihr ihre Pläne für die Feiertage erläuterte, und dann war es an ihr, eine Erklärung abzugeben. »Ich werde zu Weihnachten nicht hier sein«, sagte Mrs. Allenby mit größtmöglicher Gleichgültigkeit.

Ihre Tochter Margaret starrte sie an. »Was meinst du damit?« wollte Margaret wissen. »Das ist unmöglich! Zu Weihnachten nicht da? Wohin willst du denn?«

»Darüber habe ich noch nicht entschieden«, sagte Mrs. Allenby. Sorgfältig band sie eine silberne Schleife um ein kleines Päckchen. Es enthielt eine Brosche für Margaret, ein kleiner Kreis aus in Gold gefaßten Perlen, die sie erst gestern in einem Antiquitätenladen entdeckt hatte. Als das Päckchen zu ihrer Zufriedenheit verschnürt war, überreichte sie es ihrer Tochter.

»Für dich – aber nicht öffnen bis ... Die anderen Geschenke für euch alle, Eltern wie Kinder, werde ich noch abgeben, bevor ich fortfahre.«

Margaret, die nach dieser Stunde lebhaften Gesprächs eigentlich heimgehen wollte, setzte sich wieder in den blauen Samtsessel am Kamin. Sie waren im Wohnzimmer ihrer Mutter. Die Dezembersonne strahlte durch die Fenster herein, wodurch die Flammen des Kaminfeuers ganz blaß wirkten. Das knisternde Feuer war schon fast heruntergebrannt.

»Aber Mutter, du bist doch immer über Weihnachten mit uns zusammengewesen!« rief Margaret aus.

»In diesem Jahr wird es eben anders sein«, sagte Mrs. Allenby freundlich, aber bestimmt.

Sie lehnte sich in dem gegenüberstehenden blauen Samtsessel zurück und betrachtete liebevoll ihre Tochter. »Du hast ein wenig zugenommen, meine Liebe, nicht wahr?«

»Versuche nicht, vom Thema abzulenken«, sagte Margaret. »Nein, ich habe nicht zugenommen und ich bin *nicht* schwanger, solltest du darauf hinauswollen. Vier Kinder sind genug – wenn ich auch gerne wieder ein Baby hätte! Benjie wird schon nächstes Jahr in die Schule kommen, und dann wird das Haus leer sein. Aber zurück zu dir – wann willst du fahren?«

»Ich habe es noch nicht entschieden«, sagte Mrs. Allenby. »Vielleicht morgen, vielleicht auch erst am Heiligen Abend. Je nachdem, wann ich fertig bin.«

»Weihnachten wird mir überhaupt keinen Spaß machen«, sagte Margaret betrübt.

»Aber selbstverständlich wird es dir Spaß machen«, sagte Mrs. Allenby. »Und ich würde vorschlagen, daß du die Gelegenheit meiner Abwesenheit dazu benützt, nicht die anderen Familien zu euch einzuladen. Ihr seid schon vier und dann all eure Kinder, wenn sie auch bezaubernd sind – nun, es ist zuviel, selbst bei den entzückendsten Enkelkindern.«

»Mutter, wenn ich nicht wüßte, daß du uns liebst –.«

Mrs. Allenby unterbrach sie. »Das stimmt, ich liebe euch alle, aber ich finde, ihr solltet zu Weihnachten mal alleine sein, jedes Elternpaar mit seinen eigenen Kindern und die Kinder allein mit ihren eigenen Eltern und Geschwistern. Du hast ja keine Ahnung –.« Sie brach ab.

»Keine Ahnung wovon?« fragte Margaret nach, und ihre Augen wirkten sehr blau im Gegensatz zu ihren dunklen Haaren. Sie war ein kleines, zierliches Geschöpf, aber geistreich und voller Willenskraft. So oder so, bei ihr wurde alles zum Extrem.

»Wie friedlich das sein würde«, meinte Mrs. Allenby vage.

Ihre Tochter schaute sie argwöhnisch an. »Du willst doch nicht etwa vornehme Zurückhaltung üben oder so etwas? Daß wir dich etwa nicht haben wollten oder sonstwas Törichtes?«

»Aber nein, gewiß nicht«, sagte Mrs. Allenby. »Nichts dergleichen.«

Margaret verfiel eine halbe Minute lang in Schweigen und betrachtete ihre Mutter argwöhnisch. »Oder hast du vielleicht irgendeine heimliche Romanze?«

Mrs. Allenby errötete. »Margaret, wie *kannst* du so etwas ...«

»Also doch!« rief Margaret aus.

»Ach was«, wehrte Mrs. Allenby ab. »In meinem Alter«, setzte sie dann hinzu.

»Du siehst immer noch sehr gut aus«, sagte Margaret.

»Ach, Unsinn«, sagte Mrs. Allenby.

Margaret sah ihre Mutter liebevoll an und stand dann auf. »Nun, dann behalte deine Geheimnisse für dich, aber ich weiß genau, daß mir Weihnachten keine Minute lang Freude machen wird ohne dich, noch dazu im ungewissen darüber, wo du bist.« Sie umarmte ihre Mutter und küßte sie. »Und dieses Geschenk – wenn ein Päckchen so klein ist, weiß ich, daß etwas sehr Teures darin ist, und du solltest doch nicht ...«

»Es ist ja mein Geld, Liebling«, sagte Mrs. Allenby lachend.

Wieder küßte Margaret ihre Mutter, lief dann zur Tür und wandte sich noch einmal um. »Sag mir doch, wohin du willst«, bat sie noch einmal mit schmeichlerischer Stimme.

Mrs. Allenby lachte. »Geh nach Hause und kümmere

dich um deine Kinder«, sagte sie fröhlich und winkte ihr nach.

Nun saß Mrs. Allenby allein an ihrem Kamin, und die Wintersonne warf leuchtende Strahlen über den Aubussonteppich, die Schale mit Mistelzweigen auf dem Tisch und die hohen Bücherregale an den Wänden. Da überkam Mrs. Allenby plötzlich eine große Erleichterung. Sie liebte ihr Haus, und sie liebte ihre Kinder und deren Kinder, aber – aber was? Sie wußte nicht, was nach diesem *Aber* käme. Sie sehnte sich einfach nur danach, zu Weihnachten nicht hier zu sein. Am frühen Morgen des Heiligen Abends wollte sie losfahren. Dann könnte sie bei Einbruch der Dunkelheit in der Hütte in Vermont sein. Sie stand auf und sammelte ein paar Stückchen Silberschnur und Weihnachtspapier auf und warf die Reste ins Feuer. Dann ging sie nach oben, um zu packen.

Um acht Uhr früh am Morgen des Heiligen Abends saß sie in ihrem Wagen auf dem Weg nach Norden. Schnee lag in der Luft unter dem gleichförmig grauen Himmel, und aus dem Autoradio erfuhr sie, daß es in Vermont bereits schneite. Früher waren sie oft in Vermont zum Skilaufen gewesen, sie und Leonard, noch bevor sie verheiratet waren. Und auch ihre Hochzeitsreise hatten sie nach Vermont gemacht, aber im Oktober, und da war es zum Skilaufen noch zu früh. Aber wie großartig war es dennoch gewesen, die Berge mit ihren Laubwäldern leuchteten rot und golden!

»Zu Ehren unserer Hochzeit«, hatte Leonard gesagt.

Natürlich war es seinetwegen, daß sie zu Weihnachten allein sein wollte, und zwar in Vermont. Hierher waren sie immer nur zu zweit gekommen. Das war sein Wunsch gewesen.

»Nach Vermont wollen wir niemals mit den Kindern

fahren – nur wir beide allein«, hatte er gesagt.

»Ganz schön egoistisch«, hatte sie ihn liebevoll aufgezogen.

»Es gibt genug andere Orte, wo wir mit ihnen zusammen Skilaufen können«, hatte er erwidert.

»Sie brauchen es ja nicht zu erfahren – damit sie nicht verletzt sind«, hatte sie gesagt.

»Sie brauchen nicht einmal zu wissen, daß es diesen Ort für uns beide gibt«, hatte er zugestimmt.

Das war kurz nachdem der Bau der Hütte abgeschlossen war, und nun war sie der wichtigste Ort für sie geworden, denn hier konnte sie ihre Erinnerung an Leonard am besten aufleben lassen. Sie hatte Angst davor, ihn zu vergessen, zu verlieren – nicht den ganzen Menschen, sondern eher die Einzelheiten, wie er sie anschaute mit seinen dunklen Augen, die in eigenartigem Kontrast zu seinem hellen, sandfarbenen Haar standen. Er war so erschreckend jung gestorben, als ihre Kinder noch klein waren, und deren Kinder hatten ihren Großvater nie gesehen – sie wußten nichts von der Art, wie er ging, wie seine schmale, hohe Gestalt sich gleichzeitig ungelenk und doch graziös bewegte. Zu Weihnachten überkam sie die Erinnerung immer besonders stark – er hatte es geliebt, mit seinen Kindern am Boden zu liegen und ihnen zu zeigen, wie man mit dem Spielzeug umging, das er mit soviel Sorgfalt für sie ausgesucht hatte.

Nun fing es an zu schneien, ein paar vereinzelte Flokken zuerst, die immer dichter wurden, als sie von der belebten Hauptstraße abbog und auf die Berge zufuhr. Spätabends würde sie die Hütte erreichen. Leonard hatte die Hütte entworfen, lange bevor ihr erstes Kind geboren wurde, und daher hatte sie nur drei Räume. Er hatte nicht zu früh Kinder haben wollen.

»Zuerst wollen wir unsere Beziehung zueinander festigen«, hatte er gesagt.

Während der ersten Jahre ihres Zusammenlebens waren sie oft in die Hütte gekommen, sooft er sich vom Labor freimachen konnte, in dem er als Forschungswissenschaftler arbeitete. Als die Kinder eines nach dem anderen geboren wurden, kamen sie seltener her und schließlich, seit er tot war, war sie gar nicht mehr hier gewesen – allein noch nie.

Aber sie hatte niemals daran gedacht, die Hütte zu verkaufen. Eigentlich hatte sie im Laufe der Zeit gar nicht mehr daran gedacht, obwohl ihr nun klar wurde, daß sie die Hütte keinen Augenblick vergessen hatte.

Die Stunden verflogen. Sie fuhr schnell, aber sicher, hatte Leonard immer gesagt, und meist hatte sie am Steuer gesessen, wenn sie zusammen zur Hütte fuhren, und er hatte die Ruhe und Entspannung auf dem Sitz neben ihr genossen und nachgedacht. Dankbar hatte er einmal gesagt: »Du ahnst gar nicht, wieviel es einem Mann wie mir bedeutet, nicht reden zu müssen –.«

Dennoch, wenn er in seinen Gedanken irgendein Laborproblem gelöst hatte, konnte er plötzlich lebhaft und fröhlich mit ihr sprechen. Sie führten gute Gespräche miteinander, und erst als der Tod seine Stimme für immer zum Schweigen gebracht hatte, wurde ihr bewußt, wie gut ihre Gespräche gewesen waren, und daß es jederzeit etwas gegeben hatte, worüber sie sprechen konnten.

Mittag war schon vorüber, und es schneite noch immer. Vor Einbruch der Dunkelheit erreichte sie das Dorf, und dort hielt sie an, um für ein oder zwei Tage Vorräte einzukaufen. Der alte Ladenbesitzer war nicht mehr da – ein junger Mann, ein Fremder, stellte jedoch keine Fragen, als er den Karton mit ihren Einkäufen zu ihrem Auto trug. Dann fuhr sie weiter durch die Dämmerung und den ungeteerten, kurvenreichen Weg hinauf zur Spitze des schneebedeckten Hügels. Der Weg wurde schmaler, und nach ein paar Metern sah sie schon die Hütte. Die Bäume waren gewaltig gewachsen, aber die Hütte war noch immer da, so dauerhaft, wie Leonard sie geplant hatte.

Sie stieg aus dem Wagen und hob einen flachen Stein an. Ja, der Schlüssel war auch noch da, ein großer Messingschlüssel.

»Ich hasse kleine Schlüssel«, hatte Leonard gesagt. »Sie legen es darauf an verlorenzugehen.«

Sie hatten damals lange gesucht, bis sie dieses riesige, alte Messingschloß fanden, das zwar schwer, aber solide und zuverlässig war. Sie schob den Schlüssel in das Schloß, und die Tür ging knarrend auf. Lieber Gott, würde es nach all diesen Jahren noch unverändert sein –? Nichts hatte sich geändert.

»Wir wollen sie immer so hinterlassen, als würden wir morgen in die Hütte zurückkehren«, hatte Leonard gesagt.

Es war natürlich staubig, und es roch nach Wald und dürrem Laub. Aber die Hütte war so solide gebaut, daß weder Vögel noch andere Tiere Einlaß gefunden hatten. Die Holzscheite in dem großen Kamin brauchte man nur anzuzünden, und im Schlafzimmer war das Bett gerichtet – ein wenig klamm und muffig wahrscheinlich, aber bereit, und das Feuer würde die feuchte Kälte rasch vertreiben. Sie wollte die Bettdecken vor dem Kamin ausbreiten.

Sie entzündete das Feuer und die große alte Öllampe, dann lud sie den Wagen aus und setzte sich in den alten Schaukelstuhl, um ein paar Minuten auszuruhen, bevor sie das Essen bereiten würde. Nun war sie also hier, eigentlich ganz unerwartet, denn sie hatte keinen langfristigen Plan gefaßt, hierherzukommen. Es war plötzlich über sie gekommen, die Sehnsucht, Leonard wiederzufinden, sich an ihn zu erinnern, und der Gedanke kam ihr, als sie die Brosche für Margaret kaufte. Sie hatte ein Weilchen suchen müssen, sie zu finden.

»Suchen Sie nach etwas Passendem für sich selbst?« hatte die junge Frau in dem Antiquitätenladen gefragt.

»Nein, danke«, hatte sie geantwortet, »ich sehe mich nur mal um.«

»Eine Krawattennadel für Ihren Mann, vielleicht?« hatte die Verkäuferin weitergefragt.

»Ich habe keinen Mann«, hatte sie kurz zurückgegeben. Dann hatte sie sich verbessert. »Ich meine – er ist schon seit vielen Jahren tot.«

Aber ihre erste, unbewußte Antwort hatte sie erschreckt. Keinen Mann – vergaß sie Leonard? Unmöglich – aber doch vielleicht wahr? Und nun war es wieder Weihnachten, und gerade zu Weihnachten war es unmöglich, nicht an ihn zu denken, da er dieses Fest so geliebt hatte. Und plötzlich empfand sie eine große Sehnsucht nach ihm. Aber wo sollte sie ihn finden, wenn nicht in ihrer Erinnerung? Auf einmal spürte sie, daß sie diese Weihnachten allein sein mußte. Die Kinder, die zu Männern und Frauen herangewachsen waren und deren Kinder, die er nie kennengelernt hatte, waren Fremde für ihn, und sie hatte es fast zugelassen, daß er ihr ein Fremder wurde.

Sie stand auf, um eine Suppendose zu öffnen und stellte den Topf auf den Herd. Dann fand sie in einer Schublade die Staubtücher, die sie vor langer Zeit frisch gewaschen und gefaltet hineingelegt hatte, und staubte die Möbel ab, bevor sie sich an den Tisch setzte, um zu essen. Das Feuer loderte den Kamin hinauf, und der Raum wurde warm und gemütlich. Draußen fiel der Schnee immer dichter, und bis morgen früh würde auch die Eingangstür verschneit sein. Auf der Hauptstraße würden sie jedoch Schneeräumer einsetzen, denn inzwischen gab es hier viele neue Häuser in der Umgebung für Skifahrer, die immer zahlreicher hierherkamen – das hatte sie gelesen. Und Leonard hatte sich immer darum gekümmert, daß die Schneeschaufel gleich am Eingang des Schuppens hinter der Hütte griffbereit hing.

Sie zog den kleinen geschnitzten Tisch vor das Feuer und deckte ihn für ihr Abendessen, eine Schüssel Bohnensuppe, Brot und Käse und Obst, und sie aß mit gutem Appetit. Als sie fertig war, klappte sie den Tisch zusammen und stellte ihn an die Wand. Dann machte sie sich Wasser heiß und badete in einer primitiven Zinkwanne. Alles war so einfach, so natürlich, so wie sie es immer gemacht hatten, sie und Leonard, allein hier im Wald. Sauber und wohlig warm fühlte sie sich in ihrem Flanellnachthemd und schlüpfte ins Bett, das jetzt warm und trocken war und doch noch immer nach Herbstlaub roch. Dann fiel sie in einen traumlosen Schlaf.

Als sie am nächsten Morgen erwachte, glitzerte die Sonne hell auf dem frischgefallenen Schnee. Immer war sie zusammen mit Leonard hiergewesen, und instinktiv griff ihre rechte Hand zu seiner Seite hinüber. Dann erinnerte sie sich. Es war Weihnachten, und sie war allein. Nein, doch nicht allein, denn schon ihr erster Gedanke rief ihr Leonard zurück. Einen Augenblick blieb sie noch im warmen Bett liegen. Dann sprach sie. »Hier kann ich laut sprechen – denn keiner ist da, der mich hören und sich wundern könnte.«

Sie lauschte ihrer eigenen Stimme und fühlte sich von ihrer Ruhe besänftigt. »Ich kann alles, was ich will, laut aussprechen«, fuhr sie fort. Ein angenehmer Friede durchströmte ihr Herz und ihren ganzen Körper, so leicht wie ein Duft, und sie lächelte. »Hier haben wir unsere ersten gemeinsamen Weihnachten verbracht«, erinnerte sie sich.

Auch damals waren sie im Schneetreiben hier heraufgefahren, und so wie sie eben, aber gemeinsam, waren sie am nächsten Tag erwacht von dem gleißenden Licht auf dem Neuschnee. Da war Leonard aufgestanden und hatte das Feuer im Kamin angezündet und das Wasser heiß gemacht. »Bleib liegen, Liebling«, hatte er liebevoll gesagt. »Keiner hetzt uns hier – welch ein herrlicher Weihnachtstag.« Als er fröstelnd wieder zu ihr ins Bett kam, begannen sie den Tag mit Liebe.

Später hatten sie zusammen an dem kleinen Tisch vor dem Kaminfeuer gefrühstückt, und während sie danach das Geschirr abspülte, war er hinausgegangen, um eine kleine Tanne zu fällen. Als er sie hereinbrachte, blinkte und glitzerte sie noch vom Frost, und dann hatten sie sie gemeinsam geschmückt. Sie hatten nicht vergessen, silberne Kugeln und Kerzenhalter mitzubringen, und dann hatten sie ihre Geschenkpäckchen an die Zweige gehängt.

»Jeden Augenblick dieses Tages habe ich geplant und mich darauf gefreut«, hatte er gesagt. Als sie das Bäumchen lange genug bewundert hatten, packten sie ihre Geschenke aus. Sie hatte ihm ein goldenes Armband für seine Armbanduhr geschenkt, und von ihm bekam sie eine zierliche silberne Halskette.

»Um dich für immer an mich zu binden«, hatte er gesagt, als er sie ihr über den Kopf streifte.

Durch all die vielen Jahre hindurch hatte sie die

Kette geliebt und oft getragen. Sie hatte sie sogar jetzt mitgebracht, um sie heute zu ihrem roten Wollkleid zu tragen. Als ihr das einfiel, stand sie auf und lief in das andere Zimmer, um Feuer zu machen.

Sie schichtete Baumrinde und kleine, trockene Holzscheite über den noch glühenden Kohlen auf. Gestern abend hatte sie ein so großes Feuer gemacht, daß tatsächlich unter der Asche noch Glut war. Nach wenigen Minuten züngelten die ersten Flammen hoch und sprühten Funken. Leonard hatte sie in ihrem ersten Jahr damals gelehrt, wie man ein gutes, dauerhaftes Feuer macht, und das hatte sie nie wieder vergessen.

Anschließend füllte sie den großen Kessel mit Wasser aus der Küchenpumpe und hängte ihn an den Haken über dem Feuer. Als das Wasser heiß war, wusch sie sich und zog sich ihr rotes Kleid an. Dann setzte sie sich zum Frühstück an den kleinen Tisch. Als sie fertig gegessen hatte, räumte sie das Geschirr auf und zog Leonards Lumberjack an, der wie immer gleich hinter der Tür hing. Dann ging sie hinaus, um ein Bäumchen zu schlagen – nur ein ganz kleines, das man auf den Tisch stellen konnte. Der Baumschmuck lag noch immer da, wo Leonard ihn vor Jahren verwahrt hatte, in der Wandschublade unter dem Fenster, und sie schmückte das Bäumchen damit. Dann suchte sie das Geschenk aus ihrer Tasche, das sie für sich mitgebracht hatte und band es an den Baum.

»In einem Jahr oder in zweien werden wir beide nicht mehr zu zweit allein sein«, hatte Leonard an ihrem dritten gemeinsamen Weihnachten gesagt. »Über zwei Jahre hatten wir allein für uns. Jetzt sollten wir unsere Kinder bekommen – am besten vier – und kurz nacheinander, solange wir noch jung sind. Dann haben sie aneinander und an uns Freude, und wenn sie erst erwachsen geworden sind, haben wir noch viele Jahre für uns allein, wenn sie uns nicht mehr brauchen werden.«

»Wir können aber kein Baby mitten im Winter mit hierherauf in die Hütte bringen«, hatte sie gesagt.

»Wir werden Weihnachten da verbringen, wo es sich gerade trifft«, hatte er zu ihr gesagt.

Und da sie den gleichen Wunsch hatte wie er, wie in allem, weil sie ihn so liebte, war vor den nächsten Weihnachten schon ihr Sohn geboren. Sie nannten ihn nach seinem Vater, aber gerufen wurde er Lennie. Zu Weihnachten war er erst drei Monate alt, und so feierten sie das Fest diesmal alle drei zusammen in ihrem ersten Haus, einem mittelgroßen Haus in einer ruhigen Straße einer kleinen Stadt in Connecticut, wo sie noch immer lebte.

»Ich bin ganz sicher, daß er den Baum schon erkennen kann«, hatte Leonard immer wieder behauptet.

Lennie, der auf einer Decke am Boden lag, hatte unverwandt den glitzernden Baum angestarrt, der zwar auch nicht sehr groß war, aber über und über mit Geschenken behangen. Dann hatte er gelächelt, und sie und Leonard hatten vor Glück gelacht und einander bei der Hand genommen.

»Ich bin froh, daß wir allein sind, wir drei zusammen«, hatte Leonard gesagt. »Es ist natürlich egoistisch von mir, aber ich mag weder deine noch meine Eltern besuchen. Wir haben jetzt unser eigenes Zuhause, du und ich und unser Kind. Das ist die Dreieinigkeit des Lebens, mein Liebstes.«

In weniger als zwei Jahren bekamen sie ihre Tochter, Margaret. »Beim nächsten werden wir ein größeres Haus brauchen«, hatte Leonard am Weihnachtstag gesagt.

Lennie, der inzwischen einigermaßen sicher laufen konnte, hatte alles mögliche vom Baum heruntergepflückt. Margaret lag, von Kissen gestützt, auf der Couch.

»Ach, Leonard, wir haben doch noch nicht einmal die Abzahlungen für dieses –«, hatte sie ausgerufen.

Aber noch bevor sie ihren Einwand zu Ende bringen konnte, hatte er sie mit einem Kuß zum Schweigen gebracht. »Ein Geschenk für dich, mein Liebling – ich bin befördert worden.«

Glücklich hatte sie ihn umarmt und gescholten: »Und davon hast du mir nichts gesagt?!«

»Weihnachtsüberraschung!« hatte er sich verteidigt.

Im nächsten Frühling hatten sie damit begonnen, ihr neues Haus zu bauen. Bis November war es noch immer nicht ganz fertig, aber sie zogen trotzdem ein, zur Feier von Dickies Geburt.

»Was war das doch für eine günstige Gelegenheit«, sagte sie jetzt lächelnd laut vor sich hin.

Dann bemerkte sie, daß das Feuer niederbrannte, die Holzscheite hatten sich in Holzkohle verwandelt, und die Asche rieselte herab. Sie stand auf und holte einen neuen, schweren Ast von dem Vorratsstapel, obwohl sie alle ihre Kraft brauchte, um ihn hochzuheben.

»Wann wirst du endlich einsehen, daß du kein Kraftprotz bist«, hatte Leonard so oft gesagt. »Du bist zu spontan – du siehst etwas, was getan werden sollte, und schon saust du los, es zu tun, ohne daran zu denken, daß du doch einen ganz kräftigen Mann in der Nähe hast.«

Der Ast fiel schräg, und sie mußte niederknien, um ihn wieder geradezurücken. Funken stoben aus den Kohlen hervor, und sie wischte sich die Hände ab und setzte sich wieder in den Schaukelstuhl.

Das erste Weihnachtsfest in ihrem neuen Haus war

ein besonders glückliches. Zwei kleine Kinder liefen herum und jauchzten vor Seligkeit, und diesmal saß Dickie, von Kissen gestützt, auf der Couch. Lennie bekam sein erstes Dreirad und Margaret ihre erste richtige Puppe. Von diesem Tag an liebte sie Puppen, und von daher rührt wohl auch ihre Liebe zu Babies – inzwischen zu ihren eigenen. Aber Klein-Dickie...

Ihre Augen füllten sich mit Tränen und brannten unter den Lidern, und sie biß sich auf die Lippen. Es gab nicht nur Freuden in der Erinnerung. Es gab auch Schmerzliches. Noch bevor es wieder Weihnachten wurde, war Dickie gestorben. Ganz unbemerkt hatte sich der Tod ins Haus geschlichen. Eines Abends hatte sie ihn wie immer in sein Bettchen gebracht – es waren nur noch wenige Tage bis Weihnachten –, und als sie ihn am anderen Morgen wecken wollte, lag er tot vor ihr. Sein zarter Körper lag still im Bett, so weiß wie der Schnee vor dem Fenster, und seine blauen Augen waren noch wie im Schlaf geschlossen. Unvorhergesehen, unerklärlich, und sie weinte noch immer, wenn sie daran dachte. Sie weinte auch jetzt, als hätte sie ihn erst gestern verloren. Aber damals hatte sie gewußt, daß sie um jeden Preis Leonard trösten und helfen mußte, und er brauchte Wochen und Wochen, bis er sich wieder gefaßt hatte. Um seinetwillen hatte sie sich gezwungen, nicht zu weinen, sich gezwungen, tapfer zu scheinen, auch wenn sie gar nicht tapfer war.

»Von Weihnachten wollen wir überhaupt nicht sprechen«, hatte er in diesem schrecklichen Jahr gesagt. Und gegen die ganze Macht ihres eigenen Schmerzes gestemmt, hatte sie versucht, ihn umzustimmen.

»Liebster, die anderen sind doch auch noch da. Sie freuen sich seit Wochen auf den Weihnachtstag. Wir müssen weiterleben – so gut wir können.«

BERLIN Reichstagsgebäude mit Bismarck-Denkmal.

Fröhliche Weihnachten!

»Du hast recht, ich weiß«, hatte er schließlich gesagt. »Aber erwarte nicht zuviel von mir.«

Sie beide waren froh gewesen, als der Weihnachtstag vorüber war, dieser grausame Tag.

»Oh, wie konnten wir das bloß ...«, flüsterte sie nun und schluchzte. Es war noch immer ein unerträglicher Schmerz, und sie erhob sich aus dem Schaukelstuhl. »Ich werde mir eine Tasse Tee machen«, sagte sie laut.

Während der Tee zog, machte sie sich ein Brot mit kaltem Truthahnbraten, den sie tags zuvor eingekauft hatte. Die Sonne hatte ihren höchsten Stand schon überschritten, und das Leuchten im Raum war erloschen. Als sie das Brot gegessen hatte und dazu ihren Tee trank, fühlte sie sich besser. Sie legte noch ein großes Stück Holz in den Kamin, ging dann zum Fenster und setzte sich dort nieder, um hinauszuschauen in die Winterlandschaft. Die Felder waren schneebedeckt, und der Wald dahinter hatte seine Wipfel mit Schneehäubchen geschmückt. Über der weißen Birke sah man den Gipfel des Berges, und alles war in gleißendes, leuchtendes Weiß getaucht. Irgendwie hatten sie und Leonard diese schrecklichen Weihnachten überstanden, und im Frühling war sie erneut schwanger.

Bevor es wieder Weihnachten wurde, kam Ronald auf die Welt und zwei Jahre später Ellen. »Genug jetzt«, hatte Leonard lachend zu ihr gesagt, »Deine Babies sind die schönsten der Welt, mein Schatz, aber was genug ist, ist genug.«

So bekamen sie denn keine weiteren Kinder mehr, und die nachfolgenden Weihnachtsfeste waren eines so glücklich wie das andere und verschmolzen daher in ihrer Erinnerung miteinander. Sie waren glücklich, die Kinder wuchsen heran, und statt der Spielsachen wurden die Geschenke nach und nach von Kostbarkeiten für Teenager ersetzt, und schließlich waren sie erwachsen.

»So sehr hatte ich mir gewünscht, Leonard, daß du dein erstes Enkelkind noch kennengelernt hättest«, sagte sie jetzt mit dem Blick auf den Berggipfel, der im frühen Sonnenuntergang erglühte.

Das wäre sicherlich ihr allerschönstes Weihnachten geworden, das Jahr, in dem Margarets erstes Kind, Jimmy, geboren wurde, ein vergnügtes, bezauberndes kleines Wesen. Unmöglich, sich vorzustellen, daß er nun schon aufs College ging!

»Du hättest den ganzen Tag lachen können, mein Liebling, über ihn und seine Possen«, sagte sie laut und lachte selber bei der Erinnerung an etwas, was es nie gegeben hatte.

Als die Kinder fast erwachsen waren, kamen für sie die Jahre, in denen Leonard sie mitnahm auf seine Geschäftsreisen. Inzwischen war er der Kopf seiner eigenen Gesellschaft geworden, und sie waren nach Europa gereist und einige Male sogar nach Asien. Ihr war es vorgekommen, als würden alle Menschen sie wie eine Königin behandeln, und zwar deshalb, weil Leonard der König war. Aber immer hatten sie es so einrichten können, daß sie zu Weihnachten wieder zu Hause waren, um das Fest mit ihren heranwachsenden Kindern gemeinsam feiern zu können, und es wurde vom Heiraten gesprochen und davon, daß es dann bald Enkelkinder geben würde, obwohl Leonard gelacht hatte über die Vorstellung von ihr als Großmutter.

»Hatte ich nicht recht damit, als ich dafür plädierte, daß wir unsere Kinder bekommen sollten, solange wir jung waren? Jetzt können wir wieder einander genießen und zu zweit all das tun, was wir in den kommenden Jahren tun möchten.«

Viele Jahre waren es nicht mehr gewesen, denn vor neunzehn Jahren und dreizehn Tagen war Leonard mittags heimgekommen und hatte gesagt, daß er sich nicht wohl fühlte. Sein Herz, das sein ganzes Leben lang stark und robust gewesen war, hatte langsam und unbemerkt eine Schwäche entwickelt, war plötzlich stehengeblieben, und alles war vorbei.

Immer noch starrte sie nun aus dem Fenster, während sich die Schatten des frühen Abends über der Landschaft ausbreiteten. Nun gab es nichts mehr zu sagen, denn längst schon waren alle Fragen gestellt und beantwortet worden, auf die eine oder andere Weise. Nur das unendliche *Warum* blieb bestehen, und darauf gab es keine Antwort. Sie saß in der Stille und fühlte sich auf eine eigenartige Weise ruhig und wohl. Sie hatte sich gewünscht, sich deutlich an ihn zu erinnern, und mit der Erinnerung war er zu ihr zurückgekommen.

In diesem Augenblick hörte sie es an der Tür klopfen. Ohne im geringsten beunruhigt zu sein, öffnete sie, und vor ihr stand ein Mann, ein Mann mit graumeliertem Bart.

»Ich bin Andrew Bond, Madam, ein Nachbar. Meine Frau sagte, daß sie Rauch aus Ihrem Kamin aufsteigen sah, und da wollte ich mal nachsehen kommen.«

Sie streckte ihm zur Begrüßung ihre Hand entgegen. »Na, so was, Andrew Bond! Ihr Vater hat sich früher immer für uns um die Hütte gekümmert. Das wissen Sie sicherlich nicht mehr.«

Er starrte sie an. »Doch, das weiß ich noch – aber sind Sie hier denn ganz allein, Madam?«

»Ja, aber nur für diesen einen Tag. Ich bin hergekommen, um ... nun, ich wollte einfach mal wieder herkommen.«

»Ja, ich verstehe. Sie wollen also nicht länger bleiben?«

»Nein; wenn Sie mich morgen früh aus dem Schnee graben könnten?«

»Aber natürlich, Madam, das tue ich gerne.«

»Wollen Sie nicht hereinkommen?«

»Nein, vielen Dank. Meine Frau hat das Essen fertig, und sie wartet nicht gern.«

»Nun, dann danke ich Ihnen, daß Sie vorbeigekommen sind, Andrew. Und ich hoffe, Sie hatten ein frohes Weihnachtsfest.«

»Nun, für meine Frau und mich waren es schon frohe Weihnachten. Unser Sohn ist aus Vietnam heimgekehrt – verwundet zwar, aber lebendig.«

»Das freut mich«, sagte sie herzlich, als wäre er jemand, mit dem sie gut bekannt sei. Aber sie freute sich wirklich darüber.

»Vielen Dank, Madam«, sagte er. »Ich komme morgen früh, um Ihnen aus dem Schnee zu helfen.«

»Bis morgen dann«, gab sie zurück.

Sie schloß die Tür, zündete die Lampe an und legte noch ein großes Stück Holz auf das Feuer. Sie beschloß, etwas zu essen und dann früh schlafen zu gehen. Morgen würde sie wieder zu Hause sein, und sie alle wiedersehen, ihre Kinder und deren Kinder. Sie hatte ihren Tag genossen, ihren Weihnachtstag. Sie trat ans Fenster und sah hinaus in die dichter werdende Dunkelheit ... Glücklich? Wer weiß schon, was das ist? Nein, verwundet – aber lebendig!

Stephen Haskell

Die liebsten Menschen von der Welt

In der Weihnachtszeit vergaßen die Kinderfrauen im Kensington-Park, die ohnehin alle in der gleichen Tracht steckten und das gleiche mißbilligende Stirnrunzeln zeigten, jeden Standesunterschied und versammelten sich unter den kahlen Kastanienbäumen, um die erwarteten Geschenke, Feiern und Festtage zu besprechen. Und Tony, dessen Nanny bei diesen Versammlungen den Vorsitz führte (denn schließlich war sie bei der allervornehmsten Familie in Stellung), der kleine Tony konnte unbemerkt zum 'Round Pond' schlendern, wo er neidvoll die 'ordinären Kinder' anstarrte, die ungehindert ihre bunt bemalten Segelschiffchen schwimmen ließen, und insgeheim wünschte er mitzumachen bei all dem Lärm und Spaß, obschon er irgendeinen Unterschied spürte, den er trotz seiner acht Jahre nicht ganz begreifen konnte. Dann, wenn er sah, daß Nanny mit in die Seite gestemmten Armen (einem sicheren Zeichen ihrer ungeteilten Aufmerksamkeit) den andern Kolleginnen Vortrag hielt, stahl er sich davon, schleifte die Füße durch das feuchte, modrige Laub, schoß zum Haupttor hinaus, an der Bude vorbei, wo man lustigbunte Ballons und Propeller kaufen konnte, und hinüber zu dem alten Bettler, der bei Wind und Wetter mit untergeschlagenen Beinen auf der Erde saß, den Hut neben sich und auf dem Schoß ein Brett mit Streichhölzern, Bleistiften, Schnürsenkeln und Kaugummi. Der alte Mann starrte vor sich hin, als Tony näher kam, und ließ sich nicht anmerken, daß er ihn erkannte.

»Guten Tag, Mr. Winnett!« Er antwortete nicht, und Tony trat noch ein wenig näher. »Haben Sie darüber nachgedacht, Mr. Winnett?«

»Jawohl, mein Junge.«

Es lag eine gewisse großartige Würde in seiner Stimme, als ahnte er die Glorie, die ihn in den Augen des Knaben umgab, und als sei er entschlossen, sich auch dementsprechend zu verhalten. Das stand in wunderlichem Gegensatz zu seinem unterwürfigen Benehmen vor Passanten.

»Und was haben Sie gedacht, Mr. Winnett?«

»Daß es unmöglich ist, mein Junge.«

War das wirklich sein Ernst, dachte Tony. Das konnte doch nicht sein letztes Wort sein? Halb flehend, halb vorwurfsvoll fuhr er fort: »Aber Sie haben's versprochen, Mr. Winnett! Es ist doch vor allem für mich, das Fest, und ich kann einladen, wen ich will, und Sie sind der einzige Freund, den ich habe.« Ach, wie konnte er Mr. Winnett nur seine Liebe beweisen? Der aber saß stumm und ungerührt vor ihm. Könnte er doch die alte Frau sein, der Mr. Winnett so reizend zulächelte, als sie ihm einen Penny in den Hut warf und dabei neugierig auf die beiden Leutchen blickte!

»Meinen Sie, wegen des Kostüms geht's nicht, Mr. Winnett? Aber die Großen tragen nämlich alle kein Kostüm. Und überhaupt hat Papa einen Haufen Kostüme in einer alten Truhe, und da könnte ich Ihnen leicht eins beschaffen. Doch Sie können wirklich kommen, wie Sie sind, und keiner wird...« Er begann zu stottern, weil er Angst hatte, ihn zu verletzen. Mr. Winnett starrte mit gleichgültigem Blick geradeaus. »Bitte, sagen Sie doch was, Mr. Winnett!« Seine Stimme klang nach Tränen. »Sie werden sich bestimmt furchtbar gut amüsieren, wenn Sie kommen. Es gibt Knallbonbons und eine Menge Gäste und einen Zauberkünstler, und das Wohnzimmer ist wunderschön geschmückt...« Wieder brach er ab. Der unbeschreibliche Zauberglanz! Fröhlichkeit und Schönheit und Glanz, und mitten drin erscheint plötzlich Mr. Winnett, arm und heiter, schüttelt dem Vater die Hand, zieht mit der Mutter ein Knallbonbon auf – ja vielleicht gibt er sogar der Nanny unter dem Mistelzweig einen Kuß! Ein Bild unvorstellbarer Herrlichkeit stand ihm vor Augen, daß er ganz außer Atem kam, der Tony, und nur sagen konnte: »Und mein Vater möchte Sie sehr gern kennenlernen. Ich habe ihm schon soviel von Ihnen erzählt!«

Diese Redewendungen aus der Welt der Erwachsenen, die ihm unwillkürlich kamen, fanden immer einen Widerhall bei Mr. Winnett, der sich unweigerlich davon beeindrucken ließ. »Tatsächlich? Nun, dann bestelle ihm nur von mir, daß ich auch sehr gern seine Bekanntschaft machen möchte. Und daß er einen Sohn hat, der ein richtiger Herr ist. Ja«, wiederholte er nachdenklich, »ein richtiger Herr!«

In der Ferne hörten sie auf einmal die Rufe der Parkwächter, die das Schließen der Parktore ankündigten. Schon brach die Dunkelheit an, und in der Luft hing ein scharfer Frostgeruch. Mr. Winnett blickte interessiert auf, und dann dienerte er wieder einmal: denn das war jetzt die Zeit, in der man schnell zu einem Schilling kam. Das Gespräch war offensichtlich beendet. Tony trat näher und gab ihm einen Penny, den der alte Mann mit geheucheltem Staunen in Empfang nahm. Es war der unvermeidliche Abschluß all ihrer Unterhaltungen und eher eine Bestechung als eine mitleidige Gabe – denn was brauchte ein Mr. Winnett bemitleidet zu werden, Mr. Winnett, dem diese seltsam vornehme Dürftigkeit so wohl anstand...

Und dann rannte er schnell in den Park zurück, und war voller Ängste wegen der späten Stunde und Nannys Zorn.

Und Weihnachten rückte näher. In diesem Jahr fiel kein Schnee, doch die Dunkelheit brach früh herein, überraschend schnell und fast ehe die Lampen angezündet waren, und Tony liebte den Heimweg vom Park, wenn er die beleuchteten Schaufenster sah, und dann das Auftauen vor dem Feuer, wenn er auf seinen Tee wartete. Die Nächte waren sehr kalt und klar, und Tony sann auf neue Mittel, Mr. Winnett zum Kommen zu überreden, und Mr. Winnett verließ den Park früher als sonst, denn Weihnachten war keine günstige Zeit, und stolperte durch die Dämmerung nach Hause, schleppte seine schmerzenden Glieder weiter und schusselte mit den Füßen die grauen Bürgersteige entlang. Und dann kam der erste Feiertag, und Tony erwachte im frühen Morgengrauen, als die Geschenke am Fußende seines Bettes ein kaum unterscheidbares, schattiges Gebirge waren; dann sauste er hinüber, seine Eltern zu begrüßen, und kauerte sich in sein Federbett und schrie vor Freude, als ein ersehntes Geschenk nach dem andern zum Vorschein kam, und vor noch größerer Freude, als seine eigenen Geschenke ausgepackt wurden, und beide, Vater und Mutter, ihm versicherten, sie könnten sich nichts Schöneres gewünscht haben.

Dann der lange Vormittag ohne Frühstück, um Appetit für das Weihnachtsessen aufzusparen, und das üppige Mahl bei zugezogenen Vorhängen, was das Gefühl von Zeitlosigkeit und Wärme und Geborgenheit noch erhöhte, und dann der Vater, der mit langem Gesicht ankam und sagte, die Köchin habe den Weihnachtspudding fallen lassen, und jetzt müßten sie statt dessen Milchreis essen (jedes Jahr machte er den gleichen Witz, aber er wurde immer mit begeistertem Beifall und Gelächter aufgenommen), und dann die schläfrigen Nachmittagsstunden, da man allen den überladenen Magen ansah. Der alte Mr. Winnett kochte sich sein Essen selbst und aß es mit seiner Frau, die krank im Bett lag. Er blickte zum eisigen Himmel auf, und die Straßen lagen verlassen da, und an Weihnachten konnte man kein Geld verdienen. Um 4 Uhr begann Nanny den kleinen Tony für das Fest anzuziehen, und seine Mutter war so wunderbar schön in dem langen grünen Kleid, und der Vater sah ein bißchen nervös und streng aus, weil sie sich alle sorgten, sie würden nicht rechtzeitig fertig, aber dann war's natürlich viel zu früh – und all das war nur ein langes, qualvolles Vorspiel des Festes selbst, und dann noch die zitternde Freude und Angst und Furcht und Wonne, wenn er an das Kommen Mr. Winnetts dachte. Denn zu guter Letzt hatte Mr. Winnett es versprochen.

Mr. Winnett stand draußen in der Nachtluft vor dem Fenster, spähte ein wenig zitternd durchs neblige Dunkel und horchte auf all den Lärm und die Fröhlichkeit drinnen. Die Vorhänge waren geschlossen, doch ein schmaler Spalt war offengeblieben, durch den er einen Blick von der überwältigenden Pracht erhaschen konnte. Ein Wirbel an Farben und Musik blendete ihn, und Kinder rannten am Spalt vorbei und schrien aufgeregt. Einmal glaubte er, er habe Tony bemerkt, und in jähem Schrecken zog er sich bis zum Haus nebenan zurück. Sofort schien er in eine andere Welt versetzt, in der Zwielicht und Halbtöne herrschten, und die Klänge eines blechernen Klaviers drangen hell und dreist und ohne Sinn an sein Ohr.

Eine Zeitlang stand er dort und zauderte. Jede neue Lachsalve schien seinen Willen noch mehr zu lähmen.

Endlich raffte er all seinen Mut zusammen, ging bis an die Haustür und läutete. Eine Zeitlang kam niemand, und er überlegte, ob er wohl noch mal läuten dürfe. Im gleichen Augenblick hörte er Schritte, die Tür wurde geöffnet, und ein Hausmädchen erschien. Sie sah ihn betroffen an, und wirklich, mit seinen armseligen Kleidern und dem zaudernden Wesen bot er einen seltsamen Anblick. »Ja?« fragte sie, doch er antwortete nicht, schien es kaum zu hören und trat von einem Fuß auf den andern. Über ihre Schulter hinweg konnte er in die schön geschmückte Halle sehen, überall hingen farbige Bänder und Glocken, und plötzlich schien es so unsagbar traumhaft und unwirklich, und traumhaft auch das halbe Licht vom Wohnzimmer her mit all dem Gelächter und der Musik. »Ja?« fragte sie wieder, doch er gab noch immer keine Antwort. Nun verschwand sie, und als sie wiederkam, schritt ihr ein Mann im Abendanzug voraus. Es war Tonys Vater, und hinter ihm eine Schar anderer Gäste, und alle richteten sie neugierige Blicke auf ihn. Und nun hörte auf einmal die Musik auf, und das Lachen verflog, und selbst die Kinder hatten ihre Spiele im Stich gelassen und starrten ihn an – doch er konnte immer noch nicht sprechen, so verwirrt war er vom Glanz der Lichter, die sich vor seinen sehenden Augen zu vervielfältigen schienen.

»Wen suchen Sie?« fragte Tonys Vater, aber der alte Mann blickte an ihm vorbei. Er sah nicht die herzuströmenden Gäste, die hängenden Girlanden, die stummen Cowboys und Rotkäppchen, die wie aus Stein gehauene Geschöpfe oder wie Gestalten aus einem Traum herumstanden, in dem die Symbole des wirklichen Lebens nicht länger ihre Bedeutung haben... Wie ein Traum, durch den man auf Zehenspitzen geht, aller Sprache beraubt.

Tony verbarg sich hinter seiner Mutter und hatte plötzlich Angst. Es war der Augenblick, den er so ersehnt hatte – Mr. Winnett müßte jetzt vortreten und seine Mutter begrüßen und mit seinem Vater wie mit einem guten alten Freund reden. Doch nichts geschah. Nur ein ziemlich schäbiger alter Mann stand da und drehte die Mütze in den Händen, und sein Vater war ärgerlich und verblüfft, und seine Mutter fragte: »Wer ist denn bloß...?« Ach, weshalb sprach und rührte sich denn keiner, weshalb konnte er selber nicht erklären, daß er gewünscht hatte, heute abend sollten sich die Menschen, die er am liebsten in der Welt hatte, kennenlernen? Doch da war weder Rede noch Bewegung, nur die Girlanden hingen trostlos nieder. Ein Traum war es, der bald verblassen mußte und der, je verschwommener er wurde, nur die Erinnerung ein wenig aufstachelte.

Da bahnte sich Nanny durch die Menge vor und musterte Mr. Winnett von Kopf bis Fuß mit verächtlichem Blick. »Sie sind doch der Mann, der draußen vorm Kensington-Park allerlei Kram verkauft, nicht?« Er nickte und begann zu zittern. »Ich dacht's mir schon, daß er's ist!« rief sie triumphierend. Sofort erhob sich ein allgemeines Gelächter, eher erleichtert als froh klang es, während Mr. Winnett, als er sie lachen sah, dümmlich mitgrinste und bereit war, seine eigene Schmach zu belachen. Tonys Mutter zog die Augenbrauen zusammen. »Aber dann führt ihn doch in die Küche, um Gottes willen, und gebt ihm etwas zu essen! Ich begreife nicht, was er hier zu suchen hat.« Sie wandte sich ihren Gästen zu. »Kommt, gehen wir wieder hinein, es ist weiter nichts. Wer ist also an der Reihe beim Blindekuhspiel?«

Jemand drehte das Grammophon auf, und Plaudern

Frohes
Weihnachtsfest!

und Lachen hoben so plötzlich an, wie sie aufgehört hatten. Nanny kümmerte sich um Mr. Winnett und führte ihn in die Küche hinunter. »Können Sie dem Mann hier etwas zu essen geben?« fragte sie. Die Köchin murrte aufgeregt. »Ich weiß nicht, wie ich das noch schaffen soll – zu all dem andern obendrein!« Sie zeigte auf die Berge von Fruchtgelee und Gebäck und Tutti-Frutti, die den Küchentisch bedeckten. »Ich weiß, ich weiß«, erklärte Nanny, »'s ist einer von ihren verrückten Einfällen!« Sie nahm eine schmutzige Schürze und breitete sie über einen Küchenstuhl. »Da«, sagte sie, »ist schon besser, Sie setzen sich!«

Im Wohnzimmer spielten sie weiter Blindekuh, und dann kam der große Augenblick, der Zauberkünstler! Er wurde mit Freudengejubel begrüßt, und alle setzten sich mit untergeschlagenen Beinen schön ordentlich auf den Fußboden, und dann endlich konnte er anfangen. Was für ein Zauberkünstler das war! Zuerst zauberte er Eier aus einem Zylinderhut hervor, und dann schlug er die gleichen Eier in den Hut hinein, ohne daß er oder der Hut schmutzig wurden. Alle Gäste riefen, sie hätten noch nie einen so guten Trick gesehen, und sogar Nanny, die im Hintergrund stand, war sprachlos. Nun bat er um einen Gehilfen, und ein kleines, als Aschenputtel verkleidetes Mädchen sprang vor und wurde ganz rot, als er ihr einen Kuß gab, und sie half ihm, ein Glas Wasser in ein Kaninchen zu verzaubern. Dann sagte der Zauberkünstler: »Und nun kommt ein ganz besonderes Kunststück! Puste mal auf das Taschentuch hier!« Das kleine Mädchen pustete, der Zauberkünstler schwang seinen Zauberstab, die Tür ging auf, und herein kam der Weihnachtsmann. Alle klatschten in die Hände, als er hereinspazierte, und schrien vor Begeisterung, und wer war's denn, wenn nicht Tonys Onkel Arthur? Für jeden einzelnen hatte er Geschenke und verteilte sie aus einem großen Sack.

Tony stand auf und zwängte sich zwischen weißen Strümpfen und Lackschuhen hindurch, die ihm den Weg versperrten, bis er an die Tür gelangte. Dort stand seine Mutter; sie bückte sich besorgt nieder und flüsterte: »Wohin willst du?« – »Toilette!« sagte er. Doch sobald er das Wohnzimmer hinter sich hatte, stieg er die alte Dienertreppe hinunter ins Kellergeschoß und klopfte an die Küchentür. Eine rauhe Stimme rief »Herein!«. Die Köchin war mit Mr. Winnett allein und lachte unbändig über eine komische Geschichte, und ihr rotes, verrunzeltes Gesicht wackelte. Mr. Winnett schien sich auch gut zu unterhalten, doch hörte er zu lachen auf, sowie Tony die Küche betrat. Vom Herd drang der süßliche Geruch verbrannter Rosinenpastetchen. Der Fußboden war mit Papier und Abfall übersät.

»Was willst du?« fragte die Köchin. »Nichts«, erwiderte er. Er näherte sich dem Tisch. »Rühr' mir ja nicht mein Fruchtgelee an!« warnte sie. Mr. Winnett kaute an seinem Pastetchen. »Hallo, mein Junge, hallo«, sagte er herzlich. Ein paar Pastetenkrümchen fielen ihm aus dem Mund und zu Boden. Er schien seine Haltung vollkommen wiedergefunden zu haben. Tony antwortete nicht, sondern trat nur noch näher. Und dann ging die Köchin aus der Küche und ließ sie beide allein.

»Na, siehst du wohl«, sagte Mr. Winnett munter, »hab' ich's nicht gesagt, daß ich komme?« Tony sprach nicht und rührte sich nicht. Mr. Winnett sah ihn erstaunt an, und plötzlich begegneten sich ihre Blicke, und der Alte ließ die Augen sinken, als sei er bei einem scheußlichen Tun ertappt worden. Er lächelte ein halb schuldbewußtes, klägliches Lächeln. »Ich glaub', ich gehe jetzt lieber«, meinte er. Tony nickte. In seiner

Kehle saß ein Kloß, der ihn am Sprechen hinderte. Die Küche hing voller Schatten, und plötzlich drang Gelächter von oben bis zu ihnen hinunter. Keiner rührte sich, und sie standen sich wie ein ältliches Ehepaar gegenüber, das sich so gut kennt, daß jegliche Verstellung unnütz wird, und sahen sich von Angesicht zu Angesicht in unerträglicher Nacktheit und Scham. Mr. Winnett erhob sich. Er blickte auf die Pastetchen. »Glaubst du, ich könnt' mir ein paar von denen da mitnehmen? Die alte Frau ist krank«, sagte er entschuldigend, »sie freut sich, wenn ich ihr was mitbringe.« – »Die alte Frau?« wiederholte Tony. Auf einmal sah er Korridore endlosen Elends und Alters hinab. »Ja, meine Frau. Sie ist schlimm dran.« Er sprach jetzt mit ihm wie zu einem Erwachsenen, und Tony beobachtete ihn mit dem qualvollen Wahrnehmungsvermögen eines Heranwachsenden, das sich in Worten nicht Luft machen konnte und dessen er sich kaum bewußt war. Oh, sich vor Mr. Winnett niederwerfen und seine Knie umklammern und weinen dürfen, weil du ihn verraten und verleugnet hast, als er kam! Oh, ihm erzählen dürfen, daß du seine Beschämung teilst, daß er in deinen Augen nicht gedemütigt ist!

Draußen näherten sich Schritte, und Mr. Winnett stopfte sich schuldbewußt zwei Pastetchen in die Tasche. Er öffnete die Tür ein wenig. Ein kalter Luftzug wehte herein. Ein paar Regentropfen fielen, vielleicht war's auch Schnee. »Bestell deinen Eltern meinen besten Dank, ja?« Oh, ihm sagen, daß er sich vor dir nicht zu verstellen braucht, oh, wie nur das namenlose Mitleid ausdrücken, das dein Herz füllt, ein Mitleid, das über Mr. Winnett, der kein Mitleid mit sich empfindet, weit hinausgeht bis ins Herz aller unbeseelten Dinge!

Mr. Winnett zauderte noch auf der Schwelle. »Also, dann will ich gehn! Ich seh' dich wohl wieder im Park, in den nächsten Tagen, ja?« Tony nickte. O ja, Mr. Winnett, aber nie wieder so wie früher, so herrlich und ängstlich, so unglücklich und begeistert... Oh, lauf schnell fort, ehe dir das Herz bricht, such dir eine stille Ecke, wo du dich ausweinen kannst. Oder geh und klammere dich an Mr. Winnetts Hand und weine in seine schäbige Jacke hinein – jetzt, da noch Zeit ist, während er noch an der Türklinke hantiert, solange die Tür noch offensteht, jetzt, während er noch abbittend grinst, jetzt, solange dein Herz noch überfließt, und ehe er in den Regen hinausschlurft.

Er sprach nicht und rührte sich nicht. Die Tür fiel laut ins Schloß. Langsam, unendlich langsam schleiften Mr. Winnetts Schritte davon. Eine Träne rollte Tonys Backe hinab, und er dachte nicht daran, sie wegzuwischen. Die Straßenlaternen sahen plötzlich so hell und glitzerig aus, und er wandte sich ab.

Heinrich Böll

So ward Abend und Morgen

Erst mittags war er auf den Gedanken gekommen, die Weihnachtsgeschenke für Anna im Bahnhof am Gepäckschalter abzugeben; er war glücklich über den Einfall, weil er ihn der Notwendigkeit enthob, gleich nach Hause zu gehen. Seitdem Anna nicht mehr mit ihm sprach, fürchtete er sich vor der Heimkehr; ihre Stummheit wälzte sich über ihn wie ein Grabstein, sobald er die Wohnung betreten hatte. Früher hatte er sich auf die Heimkehr gefreut, zwei Jahre lang seit dem Hochzeitstag: er liebte es, mit Anna zu essen, mit ihr zu sprechen, dann ins Bett zu gehen; am meisten aber liebte er die Stunde zwischen Zu-Bett-Gehen und Einschlafen. Anna schlief früher ein als er, weil sie jetzt immer müde war – und er lag im Dunkeln neben ihr, hörte ihren Atem, und aus der Tiefe der Straße schossen manchmal die Scheinwerfer der Autos Licht über die Zimmerdecke, Licht, das sich senkte, wenn die Autos die Steigung der Straße erreicht hatten, Streifen hellen gelben Lichts, das für einen Augenblick das Profil seiner schlafenden Frau an die Wand warf; dann fiel wieder Dunkelheit übers Zimmer, und es blieben nur die zarten Kringel: das Muster des Vorhangs, vom Gaslicht der Laterne an die Decke gezeichnet. Diese Stunde liebte er von allen Stunden des Tages am meisten, weil er spürte, wie der Tag von ihm abfiel, und er in den Schlaf tauchte wie in ein Bad.

Jetzt schlenderte er zögernd am Gepäckschalter vorbei, sah hinten seinen Karton noch immer zwischen dem roten Lederkoffer und der Korbflasche stehen.

Der offene Aufzug, der vom Bahnsteig herunterkam, war leer, weiß von Schnee: er senkte sich wie ein Blatt Papier in den grauen Beton des Schalterraums, und der Mann, der ihn bedient hatte, kam nach vorn und sagte zu dem Beamten: »Jetzt wird's richtig Weihnachten. Ist doch schön, wenn die Kinder Schnee haben, was?« Der Beamte nickte, spießte stumm Zettel auf seinen Nagel, zählte das Geld in seiner Holzschublade und sah mißtrauisch zu Brenig hinüber, der den Gepäckschein aus der Tasche genommen, ihn aber dann wieder zusammengelegt und eingesteckt hatte. Er war schon zum drittenmal hier, hatte zum drittenmal den Zettel herausgenommen und ihn wieder eingesteckt. Die mißtrauischen Blicke des Beamten störten ihn, und er schlenderte zum Ausgang, blieb dort stehen und sah auf den leeren Vorplatz. Er liebte den Schnee, liebte die Kälte; als Junge hatte er sich daran berauscht, die kalte klare Luft einzuatmen, und er warf jetzt seine Zigarette weg und hielt sein Gesicht in den Wind, der leichte und sehr viele Schneeflocken auf den Bahnhof zutrieb. Brenig hielt die Augen offen, denn er mochte es, wenn sich die Flocken an seinen Wimpern festklebten, immer neue, während die alten schmolzen und in kleinen Tropfen über seine Wangen liefen. Ein Mädchen ging schnell an ihm vorbei, und er sah, wie ihr grüner Hut, während sie über den Vorplatz lief, vom Schnee bedeckt wurde, aber erst als sie an der Straßenbahnstation stand, erkannte er in ihrer Hand den kleinen roten Lederkoffer, der neben seinem Karton im Gepäckraum gestanden hatte.

Man sollte nicht heiraten, dachte Brenig, sie gratulieren einem, schicken einem Blumen, lassen blöde Telegramme ins Haus bringen, und dann lassen sie einen allein. Sie erkundigen sich, ob man an alles gedacht hat: an das Küchengerät, vom Salzstreuer bis zum Herd, und zuletzt vergewissern sie sich, ob auch die Flasche mit Suppenwürze im Schrank steht. Sie rechnen nach, ob man eine Familie ernähren kann, aber was es bedeutet, eine Familie zu sein, das sagt einem keiner. Blumen schicken sie, zwanzig Sträuße, und es riecht wie bei einer Beerdigung, dann zerschmeißen sie Porzellan vor der Haustür und lassen einen allein.

Ein Mann ging an ihm vorbei, und er hörte, daß der Mann betrunken war und sang: »Alle Jahre wieder«, aber Brenig veränderte die Lage seines Kopfes nicht, und so bemerkte er erst spät, daß der Mann eine Korbflasche in der rechten Hand trug, und er wußte, daß der Karton mit den Weihnachtsgeschenken für seine Frau jetzt allein oben auf dem obersten Brett im Gepäckraum stand. Ein Schirm war darin, zwei Bücher und ein großes Piano aus Mokkaschokolade: die weißen Tasten waren aus Marzipan, die dunklen aus reinem Krokant. Das Schokoladenpiano war so groß wie ein Lexikon, und die Verkäuferin hatte gesagt, daß sich die Schokolade ein halbes Jahr hielte. – Vielleicht war ich zu jung zum Heiraten, dachte er, vielleicht hätte ich warten sollen, bis Anna weniger ernst und ich ernster geworden wäre, aber er wußte ja, daß er ernst genug, und Annas Ernst gerade richtig war. Er liebte sie deswegen. Um der Stunde vor dem Einschlafen willen hatte er aufs Kino, aufs Tanzen verzichtet, hatte Verabredungen nicht eingehalten. Abends, wenn er im Bett lag, kam Frömmigkeit über ihn, Frieden, und er wiederholte sich dann oft den Satz, dessen Wortlaut er nicht mehr ganz genau wußte: »Gott schuf die Erde und den Mond, ließ sie über den Tag und die Nacht walten, zwischen Licht und Finsternis scheiden, und Gott sah, daß es gut war. So ward Abend und Morgen.« Er hatte sich vorgenommen, in Annas Bibel den Satz noch einmal genau nachzulesen, aber er vergaß es immer wieder. Daß Gott Tag und Nacht erschaffen hatte, erschien ihm mindestens so großartig wie die Erschaffung der Blumen, der Tiere und des Menschen.

Er liebte diese Stunde vor dem Einschlafen über alles. Aber seitdem Anna nicht mehr mit ihm sprach, lag ihre Stummheit wie ein Gewicht auf ihm. Hätte sie nur gesagt: »Es ist kälter geworden...«, oder: »Es wird regnen...«, er wäre erlöst gewesen – hätte sie nur »Ja, ja«, oder »Nein, nein« gesagt, irgend etwas viel Dümmeres als das, er wäre glücklich und der Gedanke an die Heimkehr wäre nicht mehr schrecklich gewesen. Aber ihr Gesicht war für Augenblicke wie aus Stein, und in diesen Augenblicken wußte er plötzlich, wie sie als alte Frau aussehen würde; er erschrak, sah sich plötzlich dreißig Jahre weit vorwärtsgeworfen in die Zukunft wie in eine steinerne Ebene, sah auch sich alt, mit einem Gesicht, wie manche Männer es hatten, die er kannte: gerillt von Bitternis, krampfig von verschlucktem Schmerz und leise mit Galle durchgefärbt bis in die Nasenflügel hinein: Masken, durch den Alltag gestreut wie Totenköpfe...

Manchmal auch, obwohl er sie erst seit drei Jahren kannte, hatte er gewußt, wie sie als kleines Mädchen ausgesehen hatte, er sah sie als Zehnjährige träumend über einem Buch bei Lampenlicht, ernsthaft, dunkel die Augen unter den hellen Wimpern, blinzelnd über dem Gelesenen mit offenem Mund... Oft, wenn er ihr beim Essen gegenübersaß, veränderte sich ihr Gesicht wie jene Bilder, die sich durch Schütteln verändern, und er wußte plötzlich, daß sie schon als Kind genauso dagesessen hatte, vorsichtig die Kartoffeln mit der Gabel zerkleinert und die Soße langsam hatte darübertröpfeln lassen ... Der Schnee hatte seine Wimpern fast verklebt, aber er konnte noch die 4 erkennen, die leise über den Schnee heranglitt wie ein Schlitten.

Vielleichte sollte ich sie anrufen, dachte er, sie bei Menders ans Telefon bitten, dann würde sie mit mir sprechen müssen. Gleich nach der 4 würde die 7 kommen, die letzte, die an diesem Abend fuhr, aber ihn fror jetzt, und er ging langsam über den Platz, sah von weitem die hellerleuchtete blaue 7, blieb unentschlossen an der Telefonzelle stehen und sah in ein Schaufenster hinein, wo die Dekorateure Weihnachtsmänner und Engel gegen andere Puppen auswechselten: dekoltierte Damen, deren nackte Schultern mit Konfetti bestreut, deren Handgelenke mit Luftschlangen gefesselt waren. Puppen von Kavalieren mit graumeliertem Haar wurden hastig auf Barhocker gesetzt, Pfropfen von Sektflaschen auf die Erde gestreut, einer Puppe wurden die Flügel und die Locken abgenommen, und Brenig wunderte sich, wie schnell sich ein Engel in einen Mixer verwandeln ließ. Schnurrbart, dunkle Perücke, und fix an die Wand genagelt den Spruch: »Silvester ohne Sekt?«

Weihnachten war hier schon zu Ende, bevor es angefangen hatte. Vielleicht, dachte er, ist auch Anna zu jung, sie war erst einundzwanzig, und während er im Schaufenster sein Spiegelbild betrachtete, sah er, daß der Schnee seine Haare wie eine kleine Krone bedeckte – so hatte er es früher auf Zaunpfählen gesehen –, fiel ihm ein, daß die Alten unrecht hatten, wenn sie von der fröhlichen Jugendzeit sprachen: wenn man jung war, war alles ernst und schwer, und niemand half einem, und er wunderte sich plötzlich, daß er Anna ihrer Stummheit wegen nicht haßte, daß er nicht wünschte, eine andere geheiratet zu haben. Das ganze Vokabular, das einem so zugetragen wurde, galt nicht: Verzeihung,

Scheidung, neu anfangen, die Zeit wird helfen – alle diese Worte halfen einem nichts. Man mußte allein damit fertig werden, weil man anders war als die anderen, und weil Anna eine andere Frau war als die Frauen der anderen.

Flink nagelten die Dekorateure Masken an die Wände, reihten Knallbonbons auf eine Schnur; die letzte 7 war längst abgefahren, und der Karton mit den Geschenken für Anna stand allein oben auf dem Regal.

Ich bin fünfundzwanzig, dachte er, und muß für eine Lüge, eine kleine Lüge, eine dumme Lüge, wie sie Millionen Männer jede Woche oder jeden Monat begehen, so hart bestraft werden: mit einem Blick in die steinerne Zukunft, muß Anna als Sphinx vor dieser Steinwüste hocken sehen, mich selbst, gelblich durchfärbt von Bitternis als alten Mann. Ja, immer würde die Flasche mit Suppenwürze im Schrank stehen, der Salzstreuer am rechten Ort, und er würde längst Abteilungsleiter sein und seine Familie gut ernähren können: eine steinerne Sippe, und niemals mehr würde er im Bett liegen und in der Stunde vor dem Einschlafen die Erschaffung des Abends loben, Gott für den großen Feierabend danken, und er würde jungen Leuten zur Hochzeit so dumme Telegramme schicken, wie er sie bekommen hatte...

Andere Frauen hätten gelacht über eine so dumme Lüge wegen des Gehalts, andere Frauen wußten, daß alle Männer ihre Frauen belogen: es war vielleicht eine Art naturbedingter Notwehr, gegen die sie ihre eigenen Lügen erfanden, Annas Gesicht aber war zu Stein geworden. Es gab auch Bücher über die Ehe, und er hatte in diesen Büchern nachgelesen, was man tun konnte, wenn etwas in der Ehe schiefging, aber in keinem der Bücher hatte etwas von einer Frau gestanden, die zu Stein geworden war. Es stand in den Büchern, wie man Kinder bekam und wie man keine Kinder bekam, und es waren viele große und schöne Worte, aber die kleinen Worte fehlten.

Die Dekorateure hatten ihre Arbeit beendet: Luftschlangen hingen über Drähten, die außerhalb des Blickwinkels befestigt waren, und er sah im Hintergrund des Ladens einen von den Männern mit zwei Engeln unter dem Arm verschwinden, während der zweite noch eine Tüte Konfetti über die nackten Schultern der Puppe leerte und das Schild »Sylvester ohne Sekt?« noch ein wenig zurechtdrückte.

Brenig klopfte sich den Schnee von den Haaren, ging über den Platz zurück in die Bahnhofshalle, und als er den Gepäckschein zum viertenmal herausgenommen und geglättet hatte, lief er schnell, als habe er keine Sekunde mehr zu verlieren. Aber der Gepäckschalter war geschlossen, und es hing ein Schild vor dem Gitter: »Wird 10 Minuten vor Ankunft oder Abfahrt eines Zuges geöffnet.« Brenig lachte, er lachte zum erstenmal seit Mittag und blickte auf seinen Karton, der oben auf dem Regal hinter Gittern wie in einem Gefängnis lag. Die Abfahrttafel hing neben dem Schalter, und er sah, daß der nächste Zug erst in einer Stunde ankam. So lange kann ich nicht warten, dachte er, und nicht einmal Blumen oder eine Tafel Schokolade werde ich um diese Zeit bekommen, nicht ein kleines Buch, und die letzte 7 ist weg. Zum erstenmal in seinem Leben dachte er daran, ein Taxi zu nehmen, und er kam sich sehr erwachsen vor, zugleich ein wenig albern, als er über den Bahnhofsvorplatz zu den Taxis lief.

Er saß hinten im Wagen, hielt sein Geld in der Hand: 10 Mark, sein letztes Geld, das er reserviert hatte, um für Anna noch etwas Besonderes zu kaufen, aber er

FRÖHLICHE WEIHNACHTEN

hatte nichts Besonderes gefunden, und nun saß er da mit seinem Geld in der Hand und beobachtete das Taxameter, das in kurzen Abständen – in sehr kurzen Abständen schien ihm – jedesmal um einen Groschen stieg, und jedesmal, wenn das Taxameter klickte, traf es ihn wie ins Herz, obwohl die Uhr erst bei DM 2,80 stand. Ohne Blumen, ohne Geschenke, hungrig, müde und dumm komme ich nach Hause, und ihm fiel ein, daß er im Wartesaal sicher eine Tafel Schokolade bekommen hätte.

Die Straßen waren leer, das Auto fuhr fast geräuschlos durch den Schnee, und in den Häusern konnte Brenig hinter den erleuchteten Fenstern die Weihnachtsbäume brennen sehen: Weihnachten, das, was er als Kind darunter verstanden und an diesem Tag empfunden hatte, das schien ihm weit weg: Was wichtig war und schwer wog, geschah unabhängig vom Kalender, und in der Steinwüste würde Weihnachten wie irgendein Tag im Jahr und Ostern gleich einem regnerischen Novembertag sein: dreißig, vierzig abgerissene Kalender, Blechhalter mit ausgefransten Papierresten, das würde übrigbleiben, wenn man nicht aufpaßte.

Er erschrak, als der Fahrer sagte: »Da sind wir..« Dann war er erleichtert, zu sehen, daß das Taxameter auf DM 3,40 stehengeblieben war. Er wartete ungeduldig, bis er auf sein Fünfmarkstück herausbekommen hatte, und es wurde ihm leicht ums Herz, als er oben Licht sah in dem Zimmer, wo Annas Bett neben seinem stand. Er nahm sich vor, nie diesen Augenblick der Erleichterung zu vergessen, und als er den Hausschlüssel herauszog, ihn in die Tür steckte, spürte er wieder dieses dumme Gefühl, das er beim Besteigen des Taxis gespürt hatte: Er kam sich so erwachsen vor, zugleich ein wenig albern.

In der Küche stand der Weihnachtsbaum auf dem Tisch, und es lagen Geschenke für ihn da: Strümpfe, Zigaretten und ein neuer Füllfederhalter und ein hübscher, bunter Kalender, den er sich im Büro würde über den Schreibtisch hängen können. Die Milch stand in der Kasserolle auf dem Herd, er brauchte nur das Gas anzuzünden, und die Brote waren fertig zubereitet auf dem Teller – aber das war jeden Abend so gewesen, auch seitdem Anna nicht mehr mit ihm sprach, und das Aufstellen des Weihnachtsbaumes und das Zurechtlegen der Geschenke war wie das Schmieren der Brote: eine Pflicht, und Anna würde immer ihre Pflicht tun. Er hatte keine Lust auf die Milch, und auch die appetitlichen Brote reizten ihn nicht. Er ging in die kleine Diele und sah sofort, daß Anna das Licht gelöscht hatte. Die Tür zum Schlafzimmer war aber offen, und er rief ohne viel Hoffnung leise in das dunkle Viereck: »Anna, schläfst du?« Er wartete, lange schien ihm, als fiele seine Frage unendlich tief, und das dunkle Schweigen in dem dunklen Viereck der Schlafzimmertür enthielt alles, was in dreißig, vierzig Kalenderjahren noch auf ihn wartete –und als Anna »Nein« sagte, glaubte er, sich verhört zu haben, vielleicht war es eine Täuschung, und er sprach hastig und laut weiter: »Ich habe eine Dummheit gemacht. Ich habe die Geschenke für dich bei der Aufbewahrung am Bahnhof abgegeben, und als ich sie holen wollte, war geschlossen, und ich wollte nicht warten. Ist es schlimm?«

Diesmal war er sicher, ihr »Nein« richtig gehört zu haben, aber er hörte auch, daß dieses »Nein« nicht aus der Ecke des Zimmers kam, wo ihre Betten gestanden hatten. Offenbar hatte Anna ihr Bett unters Fenster gerückt. »Es ist ein Schirm«, sagte er, »zwei Bücher und ein kleines Piano aus Schokolade, es ist so groß wie ein

Lexikon, die Tasten sind aus Marzipan und Krokant.« Er sprach nicht weiter, lauschte auf Antwort, aber es kam nichts aus dem dunklen Viereck, aber als er fragte: »Freust du dich?«, kam das »Ja« schneller als die beiden »Nein« vorher...

Er löschte das Licht in der Küche, zog sich im Dunkeln aus und legte sich in sein Bett: durch die Vorhänge hindurch konnte er die Weihnachtsbäume im Hause gegenüber sehen, und unten im Hause wurde gesungen, er aber hatte seine Stunde wieder, hatte zwei »Nein« und ein »Ja«, und wenn ein Auto die Straße heraufkam, schoß der Scheinwerfer für ihn Annas Profil aus der Dunkelheit heraus...

Quellennachweis

S. 7: Ernst Heimeran: Erinnerung an die Schiebetür, aus: Margit Heimeran (Hg.): Der Vater und sein erstes Kind, Carl Hanser Verlag, München und Wien 1981.
S. 11: Hermann Hesse: Nonnos Weihnacht (Überschrift vom Hg.), Auszug aus: Weihnacht mit zwei Kindergeschichten, in: Hermann Hesse: Gesammelte Werke, Bd. 8, © Suhrkamp Verlag, Frankfurt/Main 1970, S. 522–530.
S. 15: Luciano De Crescenzo: Krippe oder Weihnachtsbaum?, aus: Luciano De Crescenzo: Also sprach Bellavista. Neapel, Liebe und Freiheit. Aus dem Italienischen von Linde Birk, Copyright © 1986 by Diogenes Verlag AG Zürich (Auszug aus Kapitel V: Der Professor, S. 47–50).
S. 20 und S. 72: William McLaren: Auch eine Lösung! und Stephen Haskell: Die liebsten Menschen von der Welt, aus: Weihnacht in Schottland und England. Ausgewählt und übersetzt von Elisabeth Schnack. Copyright der dt. Übers. © 1978, 1986 by Verlags AG Die Arche, Zürich, und Elisabeth Schnack, Zürich.
S. 30: Thomas Mann: Weihnachten mit Hanno Buddenbrook (Überschrift vom Hg.), aus: Thomas Mann: Buddenbrooks, © 1960, 1974 S. Fischer Verlag GmbH, Frankfurt am Main.
S. 45: Marie Luise Kaschnitz: Das Wunder, aus: Marie Luise Kaschnitz: Lange Schatten. Erzählungen, © Claassen Verlag GmbH, Hamburg 1960.
S. 53: Pearl S. Buck: Geheimnisse des Herzens, aus: Pearl S. Buck: Geheimnisse des Herzens, © by Langen Müller in der F. A. Herbig Verlagsbuchhandlung GmbH, München.
S. 84: Heinrich Böll: So ward Abend und Morgen, aus: Heinrich Böll. Erzählungen © 1994 by Verlag Kiepenheuer & Witsch, Köln.